¡Aquí no hacemos las cosas así!

¡Aquí no hacemos las cosas así!

Una historia sobre el auge y la caída
de las organizaciones, y cómo lograr
que se reinventen

John Kotter

y

Holger Rathgeber

Traducción de Mercedes Vaquero

conecta

¡Aquí no hacemos las cosas así!

Título original: *That's Not How We Do It Here!*

Primera edición en España: marzo, 2017
Primera edición en México: octubre, 2017

D. R. © 2016, John Kotter y Holger Rathgeber

D. R. © 2016, Kari Fry, por las ilustraciones

D. R. © 2016, Kotter Associates

Todos los derechos reservados incluido el derecho de reproducción total o parcial en cualquier formato.
Publicado por acuerdo con Portfolio, un sello de Penguin Publishing Group,
una división de Penguin Random House LLC

D. R. © 2017, Penguin Random House Grupo Editorial, S. A. U.
Travessera de Gràcia, 47-49, 08021, Barcelona

D. R. © 2017, derechos de edición mundiales en lengua castellana:
Penguin Random House Grupo Editorial, S. A. de C. V.
Blvd. Miguel de Cervantes Saavedra núm. 301, 1er piso,
colonia Granada, delegación Miguel Hidalgo, C. P. 11520,
Ciudad de México

www.megustaleer.com.mx

D. R. © 2017, Mercedes Vaquero Granados, por la traducción

ISBN: 978-607-315-774-2

Impreso en México – *Printed in Mexico*

El papel utilizado para la impresión de este libro ha sido fabricado a partir de madera procedente
de bosques y plantaciones gestionadas con los más altos estándares ambientales, garantizando
una explotación de los recursos sostenible con el medio ambiente y beneficiosa para las personas.

Penguin
Random House
Grupo Editorial

Misteriosamente, los buitres habían pasado de ser carroñeros a ser rapaces. Nadie sabía por qué. Es probable que estas horribles, aterradoras y mortíferas criaturas fueran el golpe de gracia que destruiría al clan de Matt.

Matt era un suricata, uno de esos animalitos africanos que los humanos encuentran tan monos e interesantes. Como todos los suricatas, Matt tenía una personalidad y unas habilidades muy características. Siempre había sido tímido y se mostraba muy estricto cuando tenía un plan en la cabeza, pero gracias a su inherente lealtad, su sonrisa tierna y sus aptitudes, que utilizaba para ayudar al grupo, se había convertido en un miembro muy apreciado. Solía disfrutar de la vida y esta casi siempre se lo retribuía con creces.

Pero un día…

La lluvia desapareció y su clan de pequeñas e inquietas criaturas ya no contaba con comida suficiente para todos. Como mínimo una vez al día, Matt comía menos para que los pequeños, los ancianos y los más débiles comieran más. Aun así, eso solo suponía una mínima contribución a la solución de aquel problema. El aumento de depredadores era… Bueno, es que Matt nunca había visto nada igual. Algunos suricatas afirmaban que todo estaba relacionado. Menos lluvia significaba menos comida, lo que conducía a extraños e impredecibles cambios en el comportamiento de los depredadores. Pero ¿quién podía saberlo a ciencia cierta?

No parecían ponerse de acuerdo y tampoco se les ocurría ninguna idea que les ayudase a lidiar con los nuevos problemas, lo que frustraba enormemente a Matt y a muchos otros. Y, por si fuera poco, cada vez resultaba más difícil sacar adelante el trabajo cotidiano.

No es que Matt hiciera oídos sordos a las nuevas ideas que iban surgiendo. Tenía dos amigos muy creativos, Tanya y Ago, a quienes se les había ocurrido un método para encontrar más comida y desperdiciarla menos, así como otro para detectar con mayor rapidez a los depredadores. Pero los dos suricatas se toparon con el muro de «Aquí no hacemos las cosas así», respuesta que, debido a las circunstancias, no tenía mucho sentido. Matt intentó echarles una mano y mostró a los demás por qué semejante argumento no tenía ningún sentido. Habló con los suricatas que mejor conocía, los de su misma edad. Habló con su Jefe de Familia. Pero no consiguió nada.

Matt estaba muy cansado. Como los demás lo respetaban tanto, uno de los jefes (un Alfa) no paraba de encargarle un proyecto detrás de otro. Y aquello comenzó a pasarle factura. Matt no era de esos que iban por la vida enfadándose con el mundo, ni discreta ni airadamente. Pero esta vez se había convertido en…

Un suricata muy, muy furioso.

Introducción

Esta historia trata sobre algunas de las cuestiones importantes a las que la mayoría de nosotros nos enfrentamos todos los días: los cambios se dan cada vez a mayor velocidad, lo que no resulta fácil ni de distinguir con claridad ni de manejar adecuadamente; por lo que, si no conseguimos encontrar la manera de evitar los peligros, aprovechar las oportunidades y cosechar los resultados que en realidad todos valoramos (y que sabemos que son posibles porque algunos los consiguen), la vida puede volverse muy desagradable.

Hemos elegido la fábula como formato (una historia con todo un elenco de personajes, entre ellos Matt) porque nos permite abordar grandes asuntos y llegar a mucha gente. Y es que los que vamos a tratar aquí son grandes asuntos de verdad. Para entender cómo obtendremos mejores resultados, primero debemos comprender mejor cómo crecen las organizaciones y por qué muy a menudo estas acaban luchando por su mera supervivencia, sin importar el éxito que tuvieron en el pasado, así como también por qué a veces quiebran. Tenemos que entender mejor por qué unas pocas empresas se recuperan y vuelven a crecer hasta cumplir con su misión de crear buenos puestos de trabajo, servicios y riqueza. Todo ello nos ayudará a reparar en el papel que la disciplina, la planificación, la fiabilidad y la eficiencia juegan en estos casos, así como en el rol que desempeñan la pasión, la visión, el compromiso, la velocidad, la agilidad y la cultura. Y, por supuesto, también está el asunto de la gestión frente al liderazgo, y este último no solo limitado al que ejercen unos cuantos jefazos.

Sí, obviamente sabemos que son muchas cuestiones para un libro tan breve y también que estos temas ya se han tratado antes. No obstante, creemos que hoy en día aún hay mucha confusión en torno a algunos asuntos fundamentales relacionados con el éxito. Cuando comencemos a disipar esta neblina podremos convertir los desafíos y las amenazas del siglo XXI en oportunidades apasionantes, aplicables tanto a nuestros negocios como a los gobiernos, las organizaciones sin ánimo de lucro o incluso a nosotros mismos. Podríamos hablar largo y tendido sobre las muchas décadas de investigación que subyacen en las ideas y los puntos de vista que se plasman en este libro. Sin embargo, un examen exhaustivo podría socavar nuestra intención de ser breves, provocadores, útiles y entretenidos. Con todo, al final del libro ofrecemos algunas reflexiones sobre los temas planteados tanto en la investigación como en la fábula. Por ahora, nos limitaremos a presentar este sencillo diagrama.

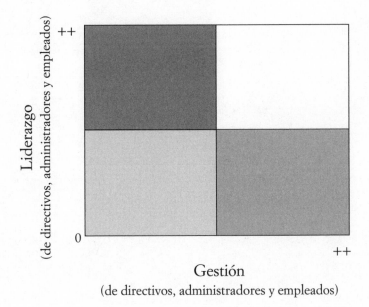

Hay mucho que decir en relación con el auge, la caída y el resurgimiento de las organizaciones, así como sobre de qué forma podemos actuar para ser más eficaces y felices en el trabajo. Hablaremos de todo ello en las últimas páginas del libro (y comprenderás su importancia a lo largo de nuestra parábola).

Bueno, basta ya. Retrocedamos y vayamos al principio de nuestra fábula.

1

Érase una vez un clan de animales más interesantes que los humanos, los suricatas. Vivían en el Kalahari, una región cálida y seca situada al sur del continente africano.

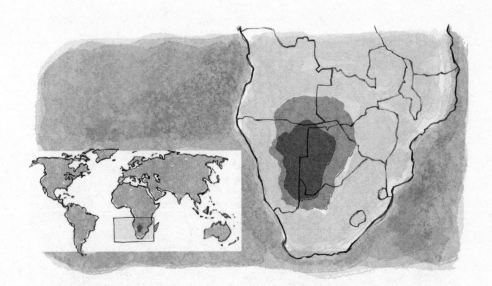

A primera vista, el territorio al que los suricatas llamaban «hogar» era idéntico a muchas otras zonas de su alrededor. Sin embargo, gracias a una combinación de inteligencia, trabajo duro, actividad febril y un poco de suerte, sus antepasados hallaron un lugar que no se parecía en nada a los demás. Antes de su llegada, un incendio forestal había despejado el suelo de aquel lugar y había creado un hábitat casi perfecto. La mayoría de los depredadores huyeron a causa del fuego y había comida en abundancia, sobre todo escorpiones, insectos crujientes, gusanos, huevos y, de vez en cuando, algo de fruta.

El clan original estaba formado por una docena de suricatas y creció hasta alcanzar una población de más

de ciento cincuenta miembros, una cifra notable y poco habitual. Los suricatas pueden tener de dos a cuatro camadas al año de entre tres y cinco crías cada una. Si hacemos cálculos, bueno, la diferencia entre dos y cuatro camadas y de tres a cinco cachorros es de…, ejem, digamos que las condiciones idóneas pueden propiciar que haya muchos más suricatas.

Ninguna de estas condiciones es más importante que el correcto funcionamiento del clan, lo que, como es de esperar, resulta cada vez más difícil a medida que el clan crece. No obstante, este grupo había aprendido a gestionarse muy bien, y esta es una de las razones por las que su historia resulta tan interesante.

Durante la primavera anterior habían disfrutado de lluvias abundantes. Encontrar comida había sido bastante fácil. La vida no estaba exenta de problemas, pero en conjunto era apacible. Todos tenían su papel, y si lo desempeñaban como se suponía que debían hacerlo sin que nadie se metiera en líos, todo iba sobre ruedas.

¿Cambiaría esto en el futuro?

—Claro —contestaban casi todos—. El cambio forma parte de la vida. A una época de sequía le sigue otra de lluvias. A veces son los halcones los que intentan cazarnos, luego eso cambia y nos persiguen las serpientes. Pero sabemos lidiar con estos obstáculos. No es fácil, pero disponemos de métodos que nos permiten afrontar con éxito estos desafíos, muchas gracias.

Nadia, la creativa

Nadia era una miembro brillante, intrépida y activa del clan. Tenía una personalidad extrovertida y un entusiasmo contagioso, sobre todo entre los más pequeños del clan, a quienes les encantaba seguirla a todas partes. Por lo general, esto la divertía, aunque, como es comprensible, a veces también la agobiaba.

Un día, el Jefe de Familia convocó a Nadia a una reunión al mediodía, hecho que, como es lógico, la

puso algo nerviosa. Nunca se había reunido en privado con él.

Lo comentó con sus amigos. ¿Sabían de qué iba aquella reunión? Uno de ellos había oído algo. Se sopesaba la posibilidad de que Nadia ocupara el puesto de Hermana Mayor de una camada que pronto abandonaría su madriguera.

Después de pensarlo un poco, Nadia se dio cuenta de que le gustaría mucho conseguir el trabajo. Pero primero tenía que superar una entrevista con su Jefe de Familia, que era quien tomaba todas las decisiones sobre los cargos del grupo.

Nadia llegó antes de tiempo a la reunión, así que se sentó y dio rienda suelta a su imaginación.

—Eres Nadia, ¿no? —le preguntó el Jefe de Familia despertándola de sus ensoñaciones. Tenía fama de ser un tipo duro pero justo—. Debo hacerte algunas preguntas —continuó—. En primer lugar…

Nadia conocía más o menos todas las respuestas, y las dio con la suficiente seguridad para ocultar su nerviosismo natural. La prueba le pareció sencilla, ya que de un modo u otro había ido aprendiendo las respuestas desde que era una cría. No estaba de acuerdo con todas, pero supuso que si quería el trabajo, no debía iniciar una discusión filosófica acerca de cómo dirigir un clan.

Una vez que el jefe estuvo convencido de que la joven suricata estaba capacitada para asumir aquella responsabilidad, le preguntó:

—¿Estás preparada para encargarte de enseñar a tus crías lo que necesitan saber para convertirse en adultos del clan, y de proteger sus vidas hasta que puedan valerse por sí mismas?

Para pasar la prueba, Nadia solo disponía de un nanosegundo para responder «¡Sí!». Y así lo hizo.

Salió entusiasmada de la reunión a pesar de que, para ser sinceros, no entendía muy bien las exigencias de su nuevo cargo. Y aunque, de nuevo siendo sinceros, una brillante e intrépida suricata nunca lo reconocería, eso la intranquilizaba.

Nicholas, disciplinado y responsable

Nicholas era el hermano mayor de Nadia y el Jefe de los Guardias. Era un suricata entregado, meticuloso, detallista y muy disciplinado. También era inteligente y guapo… y la mitad de las amigas de Nadia estaban enamoradas de él en secreto.

Nicholas acababa de terminar la sesión informativa de cada mañana con sus guardias. Había repasado el orden del día y había recordado a todos la necesidad de estar más alerta que nunca pues había recibido unas noticias alarmantes.

Un guardia había avistado una cobra en un árbol cercano al clan, y otro había visto un chacal deambulando por la zona. A estos depredadores les encantaría tomarse un suricata como desayuno. En ambos casos, los guardias estaban seguros de que no eran los mismos depredadores que habían descubierto el día anterior. La presencia simultánea de dos chacales y dos cobras era poco habitual. Y, para empeorar las cosas, aún otro guardia informó de que había observado en el cielo algo parecido a una de esas criaturas que los más ancianos llamaban «buitres». Desde que el clan se había establecido en aquel lugar tras el incendio, jamás se había visto una de esas aves carroñeras.

Nicholas daba vueltas a lo que acababa de oír y a lo que tenía que hacer al respecto, cuando vio llegar a Nadia. Sabía que volvía de una entrevista y daba por hecho que había pasado la prueba. Abrazó a su hermana pequeña, que estaba sin aliento por ir corriendo y apenas podía pronunciar palabra. Después de confirmar a su hermano que había conseguido el puesto, Nadia enseguida notó que le preocupaba algo, así que le preguntó qué sucedía.

—Nada especial —mintió Nicholas para no alarmarla—, un día normal en el trabajo.

—¿Qué trabajo? —insistió la joven —. Eres el Jefe de los Guardias, pero nunca te veo haciendo ninguna guardia...

Nadia sonrió, y Nicholas tuvo que reírse.

—No, no hago guardias. Me encargo de otras cosas... Pero ¿de verdad quieres saberlas? —preguntó creyendo que quizá le iría bien dejar de pensar en sus preocupaciones por unos minutos—. Nunca antes has mostrado demasiado interés...

—Hoy no es antes —replicó Nadia con su encantador entusiasmo, pues creía que ahora esa información podría resultarle útil, dado su nuevo puesto de trabajo. Así que se sentaron y Nicholas se lo explicó.

—Me dedico a planificar cuántos guardias necesitamos y, a partir de ahí, organizo un horario. A lo largo de los años, y a medida que nuestro clan crecía cada vez más, hemos aprendido que la planificación y los horarios son esenciales; si no, algunos puestos quedan accidentalmente sin vigilancia. Y eso puede conllevar... —Negó con la cabeza. Debía evitar decir «suricatas muertos». Sin embargo, Nadia lo entendió—. Recluto y entreno a los guardias. Ayudo a buscar otra ocupación a los que no funcionan en el trabajo. Para llegar a ser un buen guardia se necesita talento, y quien ocupe el puesto debe tenerlo. Los guardias aficionados no son una buena idea.

»Asimismo, establezco los procedimientos que los guardias deben seguir basándome en lo que hemos ido aprendiendo con el tiempo. Calibro con qué frecuencia, en qué momento y dónde nos atacan. Nos hemos marcado unos objetivos muy rigurosos. No queremos engañarnos y pensar que estamos haciendo un buen trabajo si no es así. Cuando el clan era pequeño, todo el mundo veía lo que pasaba a su alrededor. Pero ahora no.

»Y si hay algún problema con las guardias, es mi responsabilidad detectarlo de inmediato, analizarlo y solventarlo. Si no lo hago rápido… —Volvió a negar con la cabeza.

Nadia intentó mostrarse interesada, pero todo aquello de planes, horarios, procedimientos, consideraciones y demás le parecía, la verdad… muy aburrido. Nicholas se dio cuenta de que su hermana no lo entendía del todo y, como todavía tenía un rato hasta su próxima reunión, se lo explicó.

—Verás, para que un clan como el nuestro funcione bien, ante todo se necesita disciplina y orden —aseveró mientras dibujaba recuadros y líneas en la are-

na—. Es fundamental contar con una buena organización. En lo más alto se encuentran nuestros dos
Alfas. —Un macho y una hembra, como en todos los
clanes de suricatas—. Ellos se encargan de tomar todas las decisiones importantes por nosotros. Por debajo tienes a los Betas. —Seis Jefes de Familia, cada
uno a cargo de un grupo de entre veinte y treinta suricatas, junto con el Jefe de las Madrigueras y Nicholas, el Jefe de los Guardias—. Juntos nos aseguramos
de que se lleve a cabo todo el trabajo necesario y de
que todos los miembros del clan sepan qué deben hacer, cuándo y cómo.

Nicholas le explicó que en los últimos tiempos los habían atacado diez veces durante cada ciclo de luna llena y le mostró el registro que llevaba de los ataques mediante unas ramitas colocadas de una determinada manera en una de las madrigueras. Nadia estaba impresionada.

—Tenemos un índice de éxitos inferior a uno entre veinte —dijo Nicholas con cierto tono de orgullo justificado en su voz, ya que era una cifra muy buena para un clan de suricatas.

Nadia, que estaba poco familiarizada con la jerga de gestión de los suricatas, preguntó:

—¿Qué es exactamente un índice de éxitos?

Nicholas asintió con la cabeza y dijo:

—Es la frecuencia con que un depredador captura a un miembro del clan o lo hiere de gravedad en relación con el número total de ataques. Por supuesto, hacemos todo lo que está en nuestras manos para que se mantenga tan bajo como sea posible.

Nadia estaba muy impresionada con su hermano preferido, a pesar de seguir pensando que la idea de quedarse sentado a considerar esto o aquello era... muy poco estimulante.

Nicholas dibujó otro cuadrado debajo de un Jefe de Familia.

—Este es el lugar que ocupas tú como Hermana Mayor —explicó con una sonrisa. Y, tras dibujar abajo cinco cuadrados más, añadió—: Y estas son tus crías.

Nadia tuvo dos reacciones inmediatas. En primer lugar, no le gustaba ver su nombre escrito en el interior de un recuadro, aunque entendía que su ascenso la ubicaba allí dentro. Y en segundo lugar, no entendía por qué las crías tenían que estar en aquel gráfico.

—Pero las crías no trabajan —protestó.

—Estás muy equivocada —replicó Nicholas—. Sí lo hacen. Su trabajo consiste en aprender a sobrevivir. El tuyo es enseñarles a conseguirlo. —Miró el sol y luego su propia sombra (el reloj de los suricatas) y dijo—: Tengo que darme prisa si quiero llegar a tiempo a la siguiente reunión, hermanita. Estoy orgulloso de ti.

Se abrazaron y Nicholas se marchó.

Mientras iba de camino a la reunión, Nicholas pensó en el buitre, una criatura de la que oía hablar desde niño; no como si existieran, porque nunca nadie había visto ninguno, sino más bien como las brujas, los duendes y los dragones sobre los que oyen hablar los niños humanos.

«Primero aprende las reglas, y después…»

Nadia no sabía muy bien qué debía esperar del curso de formación para convertirse en una Hermana Mayor. Tenía ganas de aprender, ya que si iba a dedicarse a aquel trabajo, quería hacerlo bien. Sin duda, Nicholas adoptaría esta actitud.

Cuando llegó al lugar donde se impartía el curso, su Jefe de Familia ya se encontraba allí.

—Hoy vamos a estudiar las reglas de los Hermanos y las Hermanas Mayores —anunció, y de inmediato comenzó a repasar las veinticinco reglas.

Pidió a Nadia que las repitiera y acertó doce.

—No está mal, para ser la primera vez —dijo el jefe con su habitual tono de voz seco, aunque lo cierto es que estaba impresionado con su nueva alumna.

Dedicaron el resto de la mañana a repasar las reglas una y otra vez hasta que Nadia memorizó la mayoría de ellas.

—¿Cuál es la regla número cinco? —preguntó el jefe.

—¡Nunca hay que dejar a las crías solas!

—Bien. ¿Y la catorce?

—¡Hay que empezar y terminar el día con una ducha de arena!

—Perfecto. Ya basta por hoy —concluyó el jefe.

Pero Nadia preguntó:

—La regla número seis dice que hay que tratar a todas las crías igual. ¿Qué tiene eso de bueno?

El jefe se levantó, listo para marcharse, y respondió:

—Porque eso producirá los mejores resultados. Si nos sobra tiempo, lo explicaré más adelante. Nos vemos mañana a la misma hora. A mediodía.

El resto de los días de formación fueron como el primero. Resultaba agotador para una mente creativa y aventurera. Y la respuesta a las preguntas recurrentes de Nadia sobre por qué algo era de tal o cual modo era siempre la misma: «¡Porque la experiencia demuestra que producirá los mejores resultados!». Aunque Nadia admitía que probablemente la respuesta era correcta, no se daba por satisfecha.

Cuando hubo memorizado todas las reglas a la perfección, Nadia preguntó con cierta esperanza en la voz si ya había terminado la formación.

—No. —Fue la breve e inequívoca respuesta que recibió—. Esto solo eran las reglas. Ahora debéis aprender y aplicar los procedimientos.

Cuando el profesor observó que Nadia tenía dificultades para entenderlo, le explicó:

—Las reglas solo te dicen qué hacer, pero no cómo hay que hacerlo. Hemos aprendido a realizarlas casi todas de la mejor manera posible.

Por el tono de su voz parecía que, además de su esposa, las reglas y los procedimientos fueran lo que más amaba en el mundo.

Nadia respiró hondo y asintió tímidamente con la cabeza. El jefe la vio y empezó a dar golpecitos con un pie contra aquel suelo seco y duro. Era la primera vez que perdía un poco la paciencia con su nueva alumna.

—A ver —suspiró—. ¿Cuál es la regla número catorce?

—¡Hay que empezar y terminar el día con una ducha de arena! —respondió Nadia como un cañonazo.

—Bien, pero ¿cómo la llevarías a cabo?

—Bueno, yo… —Se quedó pensando un momento y luego explicó su versión de cómo lo conseguiría hacer con los pequeños.

El jefe la interrumpió:

—Casi, casi, pero ese no es exactamente el mejor modo de darse duchas de arena. Permíteme que te lo explique. Empiezas por…

Y le contó cómo se hacía. La experiencia demostraba que había un modo que funcionaba mejor que los otros, y ese era el que usaban.

El monólogo concluyó con un:

—¿Ha quedado claro?

—¡Muy claro! —Era la respuesta esperada, y Nadia se oyó a sí misma pronunciándola.

—Y si se me ocurre alguna idea para mejorar el procedimiento, ¿puedo probarla? —preguntó Nadia.

—Bueno, no —contestó el jefe con cautela—. Tenemos un grupo de Normas y Procedimientos de los Hermanos y las Hermanas Mayores. —Mientras hablaba, era consciente de que todo aquello a Nadia le sonaría como algo bastante lento y engorroso—. Se reúnen cada mes para repasar las normas y los procedimientos, y hablan sobre ideas y sugerencias para mejorarlos. ¡Las mejoras son buenas y necesarias!, por supuesto. Pero… no podemos decir solo: «Prueba lo que te parezca mejor» por muchas razones.

Nadia esperó.

El Jefe de Familia continuó dando golpecitos en el suelo con el pie y siguió hablando.

—Piensa lo siguiente: ¿Cómo te sentirías en caso de que probaras algo que a ti te parece mejor, y una de tus crías resultara herida? —Levantó las cejas—. Ya ha ocurrido antes.

Naturalmente, la idea de herir de forma accidental a alguno de sus pequeños horrorizó a Nadia.

—Ya está bien por hoy —anunció su profesor—. Hasta mañana.

Dejó atrás a una Nadia que se sentía bien y mal al mismo tiempo. Bien porque veía que progresaba y estaba segura de que no le costaría demasiado aprenderse las normas, los procedimientos y las prácticas más eficaces, y mal porque algo en su interior empezaba a rebelarse y su entusiasmo por el nuevo trabajo había descendido de un cien a un ochenta, y luego a un sesenta. Antes de que alcanzara un cuarenta, pensó que necesitaba volver a hablar con Nicholas.

En conversaciones anteriores, Nadia se había preguntado en voz alta si los recuadros, los planes, las medidas, las normas, los procedimientos y otras cosas por el estilo eran necesarios. Cuando eso ocurría, Nicholas le sonreía con más cariño que condescendencia y le preguntaba a su vez cómo era la vida en el clan. Aquella intervención ponía el punto final a la conversación, ya que la respuesta era, sin excepción, que se vivía muy bien. Así pues, si el clan prosperaba, puede que esa cosa a la que Nicholas llamaba «gestión de los suricatas» fuese útil y necesaria de verdad.

—¿Cómo va tu formación? —Nicholas miró a Nadia y no necesitó ninguna respuesta—. No te gustan todas las normas, ¿verdad?

—Sé que son necesarias. No soy tonta. Pero me parecen tan... —Nadia buscaba la palabra adecuada— ¡coercitivas! —Y añadió—: ¿Dónde están la diversión y la emoción de jugar, y de probar y aprender cosas nuevas?

Nicholas se quedó pensativo un momento antes de responderle:

—A veces hay asuntos más importantes que la diversión y la creatividad, Nadia. Estas normas y procedimientos sirven para ayudarte a alcanzar lo que más te importa, a ti y al clan. —Tras una pausa premeditada, siguió hablando—: Es decir, conseguir que tus pequeños aprendan y sobrevivan, que estén preparados para que tengan éxito en un mundo cruel.

Aquella noche la neblina de la mente de Nadia se disipó. Quería hacer bien su trabajo. No, en realidad, muy bien. Y si las normas, los procedimientos y todo lo demás eran necesarios, los aceptaría.

Al día siguiente, su profesor notó el cambio al instante. Nadia dejó de preguntar el porqué de todo y, en vez de eso, memorizó y practicó cuanto se pedía más rápido y mejor que nadie. Unos días más tarde, el Jefe de Familia informó a los Alfas de que Nadia pronto estaría preparada para asumir su nuevo rol.

Mientras tanto, ella había empezado a ver el clan con otros ojos. Nadia observaba con sumo interés cómo los suricatas limpiaban sus madrigueras, cavaban nuevos túneles, hacían guardias, alimentaban a los pequeños, mantenían ordenada la zona de reuniones, cazaban, atendían a los enfermos y a los heridos y solucionaban pequeñas diferencias. Durante toda su vida, nunca había valorado ni lo más mínimo todas estas cosas, aun cuando el clan no dejaba de crecer y el trabajo resultaba cada vez más complejo. Ahora pensaba que era increíble que todo funcionara tan bien, un día tras otro, semana tras semana. Ahora comprendía que el mensaje de su hermano era que los planes, las líneas de acción, los recuadros, los procedimientos y otras cosas a las que llamaba «gestión» hacían que todo eso fuera posible. O eso decía él. Si era cierto (y empezaba a creerlo), entonces esa cosa llamada «gestión» era en realidad algo asombroso. O al menos podía llegar a serlo.

No obstante, la faceta creativa de Nadia se preguntaba si había algún error o, al menos, si faltaba algo.

2

Nadia estaba regresando junto a su grupo familiar cuando oyó la alarma. De forma instintiva, miró a su alrededor, pero no vio nada. Entonces notó una sombra y levantó la cabeza.

Aquella criatura voladora era grande y fea, y se desplazaba a una velocidad increíble.

Dos crías jugaban con una mariposa al lado de Nadia, inmersas por completo en su mundo. Nadia las agarró y las arrastró hasta una madriguera cercana para resguardarlas.

Tumbada en la madriguera, oyó unos gritos horribles y el ruido de las pisadas de algunos suricatas corriendo. De repente, todo pareció detenerse tan deprisa como había empezado.

Se aventuró a salir del túnel con precaución mientras protegía a las crías, detrás de ella. Jamás había presenciado una escena como aquella.

Los que habían presenciado el ataque parecían traumatizados. Los que no habían visto al buitre (es decir, la mayoría de los suricatas, ya que el pajarraco se había ido tan rápido como había llegado) no acababan de entender qué había sucedido.

En menos de una hora, los Alfas Moro y Mara ya se habían reunido. Mara, la más temperamental de los dos, estaba furiosa.

«¡¡¡¿¿¿Cómo ha podido pasar algo así???!!!»

Preguntó Mara a gritos a los seis Jefes de Familia, al Jefe de los Guardias y al Jefe de las Madrigueras. El ataque del buitre había afectado a dos familias. Al parecer un suricata había desaparecido y otros dos estaban heridos.

Nadie se atrevía a ser el primero en hablar. Mara rompió el silencio.

—¡Proteger el clan es vuestra principal prioridad! —gritó mirando fijamente a los jefes de las dos familias implicadas.

Tras una larga pausa, uno de los Jefes de Familia dijo:

—Hemos hecho lo que hemos podido, pero es que, simple y llanamente, no ha pasado el tiempo suficiente entre la alarma y el ataque. —Volvió la cabeza y miró al Jefe de los Guardias.

Todas las miradas se posaron en Nicholas, que les explicó con sinceridad:

—Según el guardia de servicio que estaba más cerca del lugar de los hechos, el tiempo entre la alarma y el ataque se ajusta a nuestras normas mínimas consensuadas. —Y, a su vez, miró al Jefe de las Madrigueras—: ¿Teníamos suficientes madrigueras en la zona del ataque?

Todas las miradas siguieron a la de Nicholas. El Jefe de las Madrigueras parpadeó y les devolvió la mirada. Su expresión se endureció.

—Bueno, no puedo juzgar la fiabilidad del informe del guardia de servicio. —Hizo una pausa—. Pero mis excavadores me han confirmado que el mantenimiento de todas las madrigueras era el apropiado y que se podía acceder a ellas en el momento del ataque.

Sus ojos se dirigieron automáticamente y al unísono hacia el segundo Jefe de Familia, cuya expresión mudó de la confusión y la tristeza a la preparación de su defensa, la cual no calmó a Mara en absoluto. Su rostro enrojeció todo lo que puede enrojecer el rostro de un suricata.

—¡Esto es inaceptable! —chilló al tiempo que de forma abrupta daba la reunión por terminada y convocaba otra para el final del día.

Mientras tanto, Nadia estaba consternada. No dejaba de pensar en las crías y no podía ocultar sus emociones. Nicholas también estaba alterado, aunque hacía mucho tiempo que había aprendido que no debía mostrarse así ocupando el cargo que ocupaba; debía actuar. Así que, antes de que los Alfas comenzaran a celebrar más reuniones, Nicholas se lanzó a la acción.

Asignó a dos de sus guardias la tarea de buscar la forma de reducir el tiempo de respuesta. A otros dos les ordenó que pensaran cómo mejorar la eficacia de su actuación para poder liberar recursos y crear uno o, lo que sería ideal, dos puestos de observación más. Él se encargó de decidir cuál era la mejor ubicación para los nuevos guardias.

Uno de sus colegas Betas también actuó con celeridad y de modo parecido. Otros dos, sin embargo, malgastaron la mayor parte de su tiempo buscando excusas para demostrar que aquellos problemas no eran responsabilidad suya.

Durante los días y las semanas que siguieron, los ataques de los buitres aumentaron. Y por si fuera poco, la lluvia se estaba retrasando.

Los suricatas no necesitan beber mucho, siempre y cuando dispongan de jugosos insectos y reptiles para comer. Pero dar con estos animales repletos de agua resultaba cada vez más difícil, y todavía más si la lluvia llegaba tarde, porque las pequeñas criaturas que los suricatas necesitan para sobrevivir se ven obligadas a cavar cada vez a mayor profundidad para encontrar humedad. Además, en estas circunstancias evitan cualquier actividad que requiera energía y no sea urgente. Por ejemplo… la reproducción. Esto conlleva menos comida y menos agua para los suricatas.

Los niveles de estrés se dispararon en el clan. En las reuniones entre los Betas y los Alfas saltaban chispas. Mara exigía cada vez más y más información sobre los problemas del suministro de agua y comida. Sin embargo, nadie disponía de ella o de tiempo para averiguarla, lo que no ayudaba a atenuar el mal humor de Mara.

—Quiero una propuesta para aprender a medir los niveles de abastecimiento de comida y los de consumo en el futuro —gruñó usando la típica jerga de gestión de los suricatas. Se dirigió a tres Jefes de Familia—: ¿Estará lista en nuestra próxima reunión?

Los Betas llevaban allí el tiempo suficiente para saber que lo único que podían responder, en semejantes circunstancias, era:

—¡Por supuesto!

Nicholas detestaba que diera la impresión de que no avanzaran lo suficiente. Seguramente les iría bien un mayor grado de cooperación entre Alfas y Betas, y menos tiempo malgastado en descubrir quién era el culpable. Pero en realidad… Parte de aquello se debía a la propia naturaleza de los suricatas, pensó. Así que se esforzó aún más.

Tras varias noches sin dormir lo suficiente, Nicholas empezó a perder su fuerza y su confianza habituales.

Nadia, aparte de pensar en sus crías y en lo que tenía que hacer aquel día o en aquella hora en concreto, se descubrió reflexionando sobre cuestiones de mayor importancia. ¿De dónde habría salido de repente el buitre? No lo sabía nadie. Era rápido y capaz de cubrir mucho terreno en muy poco tiempo, pensó. ¿Tal vez la sequía le había impelido a ampliar su área de caza? La preocupación crecía en su interior a medida que relacionaba unas ideas con otras. Si aquello era así, puede que el buitre fuera solo la primera de una serie de nuevas amenazas. ¿Le seguirían pronto más depredadores?

De guardia desde lo alto de un árbol

Ayo siempre había querido ser guardia, un buen guardia, antes incluso de que Nicholas lo reclutara para el puesto un año atrás. Algunos de sus amigos consideraban que ser guardia era un deber o algo a lo que estaban obligados como miembros del clan. Pero para Ayo era mucho más. Cuando estaba de guardia, se concentraba al cien por cien en el trabajo. Durante el resto del tiempo, pensaba en las guardias y en cómo llevar a cabo su trabajo no simplemente bien, sino a la perfección. No podía evitarlo. Estaba obsesionado con las guardias.

Ayo volvía de una de ellas cuando se encontró con Nadia, su mejor amiga. Desde críos les encantaba pasar tiempo juntos, aunque en ciertos aspectos fueran muy diferentes: ella era extrovertida, curiosa y con muchos y variados intereses, mientras que él era introvertido y no gozaba de un gran don de gentes, digámoslo así.

Ayo dijo en el tono apasionado que lo caracterizaba y que, en cierto modo, era brusco:

—Ven, quiero enseñarte una cosa.

Y se la llevó, medio a rastras. Aunque Nadia tenía la cabeza en otra parte a causa de toda la confusión y aquella crisis, lo acompañó sin preguntarle nada ni hacer ningún comentario.

Llegaron al árbol más alto de los alrededores.

—Subamos —dijo Ayo mientras se encaramaba al tronco clavando sus afiladas zarpas en la corteza y avanzando unos cuantos metros.

—No sé trepar árboles —manifestó Nadia.

—¿Cómo puedes estar tan segura? —cuestionó Ayo.

—Porque nunca lo he hecho —contestó ella, que de inmediato cayó en la cuenta del poco sentido que tenía aquella respuesta.

Unos minutos más tarde, ambos se encontraban a unos nueve metros del suelo.

—No pienso subir más arriba —anunció Nadia con firmeza.

—No tienes por qué hacerlo. ¡Mira a tu alrededor! —le propuso su amigo.

Estaban sentados sobre unas gruesas ramas con vistas al extenso territorio.

—¡Uau! —no pudo evitar exclamar Nadia. Era lo más impresionante que había hecho y visto en mucho tiempo.

Durante los siguientes treinta minutos Ayo habló sin descanso en torno a cómo podían revolucionar la manera de hacer guardias.

—Desde aquí arriba se avistan los peligros mucho más rápidamente que desde el suelo, lo que nos daría un mayor margen de tiempo de reacción. Se puede ver a ese horrible buitre venir hacia nosotros mucho antes, ¿no te parece?

«Ya lo creo que sí», pensó Nadia. Era una idea excelente. Tenían que hablar con Nicholas.

Encuentros, consideraciones, grupos de trabajo, políticas, personal, planificación...

Los Alfas pasaban reunidos más tiempo que nunca. Mantenían largas conversaciones acerca de algunos Betas, que consideraban que no estaban capacitados para los puestos de trabajo que ocupaban; acto seguido, acerca de qué suricatas estaban preparados para reemplazarlos y, luego, sobre cuál era la mejor forma de lidiar con el inevitable drama que provocaría comunicar las malas noticias a los incompetentes.

Los Alfas se reunían cada mañana y cada tarde con los Betas. Entre otras actuaciones decidieron:

• Revisar el método de hacer frente a los ataques de serpientes. El proceso actual, desarrollado a lo largo de los años, contaba con siete pasos. Después de dos horas de discusión sobre la segunda parte del cuarto paso, se formó el equivalente suricata a un grupo de trabajo, al que se le asignó concluir la tarea.

- Revisar la propia estructura a partir de la cual se organizaban el clan. Dos Jefes de Familia alegaron (lógicamente) que había que eliminar las unidades responsables de las guardias y de las madrigueras e incorporarlas a las unidades familiares. El Jefe de las Madrigueras sugirió, sin embargo, que las unidades de las madrigueras y de las guardias debían fusionarse en una sola bajo su mando.

- Seguir analizando la primera versión de un nuevo conjunto de medidas para conseguir comida y racionarla. La última propuesta tenía mucho sentido pero requería de veintitrés medidas.

- Examinar el nuevo plan de formación para que todo el clan aprendiera y practicara (otra vez) las cuatro señales de alarma y la forma correcta de actuar.

	Alerta baja	Alerta alta
Ataque en tierra	Señal 1	Señal 2
Ataque desde el aire	Señal 3	Señal 4

Cuando no estaban reunidos, los jefes, bajo la dirección más de Mara que de Moro, se dedicaban a realizar más trabajos de mando y control que nunca. Y ¿por qué no? Mara tenía más experiencia que nadie. Era la que más sabía. Así que ella hablaba, hablaba, hablaba… o más bien gritaba, gritaba, gritaba, gritaba. Estaba sometida a mucha presión, no descansaba y esperaba que los demás hicieran lo mismo. Una de las consecuencias fue que los Beta y muchos otros miembros del clan comenzaron a estresarse. Sus trabajos no solo se habían vuelto de repente más exigentes, sino también tremendamente agotadores.

El resto del clan especulaba acerca de por qué los jefes siempre estaban reunidos. Los que se preocupaban con facilidad y aquellos que nunca confiaban en sus superiores difundieron toda clase de noticias falsas a falta de una comunicación clara que proviniera de arriba. Tan solo una media decena de suricatas estaban capacitados para entender realmente cualquier estrategia de los Alfas un poco compleja.

Fue entonces cuando las consecuencias colaterales del creciente problema de la comida empeoraron las condiciones de vida.

Cualquiera podría pensar que los suricatas acuden a diario al gimnasio. No tienen un gramo de grasa. Gracias a su estructura genética no tienen que sufrir en un gimnasio del Kalahari y tampoco tienen que cargar nunca con unos kilos de más. Lo malo era que, al no poder acumular reservas de grasa, un solo día sin comida era motivo de preocupación; dos días, un problema grave; y tres, uno mortal. Dado que cada vez resultaba más difícil encontrar suficiente comida para todos, más y más suricatas empezaron a preocuparse solo de sí mismos. Los más fuertes robaban a los más débiles. Cuando los Alfas se enteraron de esto, ordenaron a los Betas que aleccionaran a sus familias, sus guardias o sus constructores de madrigueras para impedir que el clan cayera en el círculo vicioso de la ley del más fuerte. Los sermones de los Betas surtieron cierto efecto, pero no acabaron con el problema. Los suricatas, desesperados, simplemente pasaron a comportarse con más discreción en sus actos de autoprotección.

La gota que colmó el vaso

Cuando acabó su turno, Ayo bajó del árbol desde el que había estado haciendo guardia.

—Nicholas quiere verte —le informó su relevo.

«¡Por fin!», pensó Ayo. Había intentado hablar incontables veces con su jefe para explicarle lo que había descubierto, pero Nicholas siempre estaba reunido, hablando con otros Betas o abstraído. Aunque no había probado bocado en todo el día, Ayo estaba muy animado. Por fin podría exponerle a Nicholas su idea.

Sin embargo, antes de que pudiera abrir la boca, un Nicholas frío, cansado y con cara de pocos amigos, le comunicó con firmeza:

—Me ha llegado un informe de otros guardias que muestra que has violado los procedimientos de vigilancia. ¿Es cierto que has trepado a un árbol estando de guardia?

Ayo no dejó que ni las palabras ni el tono de Nicholas le amedrentaran y con la misma firmeza respondió:

—Sí, es cierto. Desde allí puedo ver más lejos y...

—¡Basta! —le interrumpió Nicholas con severidad—. ¡No está permitido que los guardias abandonen su puesto bajo ninguna circunstancia! ¡Aquí no hacemos las cosas así! ¡Nunca! ¡Ya lo sabes! ¿En qué estabas pensando? Tu falta de disciplina me ha decepcionado mucho y, dadas las circunstancias, es inexcusable. Debemos poder confiar plenamente en que los guardias hacen su trabajo. Me veo forzado a llevar tu caso ante el Consejo para que te encuentre otra ocupación. No podrás ejercer de guardia nunca más.

Ayo no daba crédito a lo que escuchaba.

—Nicholas, he encontrado una manera mucho más eficiente de vigilar...

—Ayo, no importan tus buenas intenciones. No tengo tiempo de hablar más sobre este tema. Lo siento mucho.

Nicholas se dio la vuelta y se marchó.

Ayo estaba estupefacto. Tropezó y se desplomó junto a un arbusto. No sabía si ponerse a gritar... o a llorar.

Cuando Nadia se enteró de la reacción de su hermano mayor, su héroe, también se quedó atónita. Intentó verse con Nicholas, pero le dijeron que estaba reunido, así que pasó un rato con Ayo.

Los dos suricatas se sentían frustrados, confusos y desanimados; hablaron mucho hasta que Ayo se quedó callado, con la mirada perdida. Entonces dijo:

—Nadia, no puedo vivir así. Me siento incapaz de ayudar, soy un fracasado. Es una locura. Voy a abandonar el clan. Buscaré otro en el que tal vez pueda ser más útil. —Nadia lo miró horrorizada—. No soy el primero que se va —comentó Ayo—. El mejor constructor de madrigueras y otros dos compañeros se marcharon ayer.

Nadia había oído el rumor de que uno de los encargados de las madrigueras, Zuberi, y tal vez algunos de sus amigos mejor capacitados se habían ido.

Junto a Nicholas, Ayo era su ser más querido. No podía imaginarse cómo este, que no sabía hacer mucha cosa aparte de montar guardia, podría sobrevivir en el desierto él solo.

—En ese caso... —soltó en un impulso—: ¡Me voy contigo!

Llevaba días dándole vueltas a una idea. Se le ocurrió que otros clanes de suricatas también debían de estar enfrentándose a problemas parecidos. ¿Qué estaban haciendo? Seguro que por lo menos un clan habría descubierto un modo mejor de lidiar con la situación, ¿no? Alguien debería marcharse para averiguarlo y traer de vuelta lo aprendido y enseñárselo a sus amigos y familia.

Explicó a Ayo su novedosa idea. Hablaron sobre ella y enseguida estuvieron de acuerdo: ¿Por qué ese «alguien» no podían ser ellos?

Nadia volvió a buscar a Nicholas, esta vez para informarle de que ella y Ayo habían decidido marcharse en busca de una solución mejor que la forma que tenía el clan de intentar afrontar los nuevos desafíos. Como siempre, su hermano tenía prisa y caminaba a toda velocidad a su lado mientras Nadia hablaba.

—¡Nicholas, ¿me escuchas?! —gritó más fuerte de lo que quería—. Me voy.

El Jefe de los Guardias dejó de examinar su larga lista de tareas pendientes y miró a su hermana.

—¿Qué dices? No puedes hablar en serio. ¿Qué pasa, Nadia?

—¡Pasa de todo! —replicó ella—. El clan se está desmoronando y lo único que hace el Consejo es discutir y gritar. Estoy harta. —En aquel momento la frustración acumulada durante las últimas semanas salió a la luz—. Estoy cansada de ver lo agotado que estás. Cansada de ver cómo algunos de nosotros solo se preocupan de sí mismos. Cansada de oír cómo hablan continuamente sobre quién es o no es culpable. Cansada de que nadie escuche a aquellos que tienen ideas para que las cosas funcionen mejor y superen el que todos pensáis que no solo es el mejor modo de hacerlas sino, encima, el único. Estoy harta de ver cómo se obliga a los que quieren ayudar a volver a su sitio después de decirles que cierren la boca y esperen órdenes. Y el Consejo, tú incluido, actúa como si no se enterara de nada.

Nadia siguió explicándole su idea de ir en busca de otros clanes que estuvieran lidiando mucho mejor que ellos con esas nuevas amenazas y regresar al suyo con la información recogida. Nicholas la miró como si su hermana le hablase en otro idioma.

—Las cosas mejorarán —dijo, convencido a medias—. Mis guardias han desarrollado con éxito varios esquemas en solo unos días. Y tú misma te habrás dado cuenta de que nuestros aciertos nos han llevado a prosperar a lo largo de los años.

Al comprender que no tenía nada más que decir, Nadia asintió desanimada y no añadió ni una palabra más.

—¡Es muy peligroso vagar por ahí! —advirtió Nicholas—. ¡Y lo sabes!

—Sí, Nicholas, lo sé —respondió Nadia—, y me da un poco de miedo. Pero aquí no hay esperanza. Y sin ella, la vida es inaceptable. Puede que Ayo y yo no encontremos a ningún clan que lo haga mejor que nosotros, pero me cuesta creerlo. Debemos intentarlo.

Los suricatas tienen una habilidad única para cerrar literalmente los oídos, una invención de la naturaleza para protegerse de la arena cuando están excavando madrigueras. Nicholas no estaba excavando nada, pero Nadia vio que los oídos de su hermano estaban bien cerrados.

Abrazó a Nicholas largamente, lo apartó de ella, se volvió con rapidez y se alejó corriendo para que él no viera que lloraba. Pasó las últimas horas de la tarde buscando a otra Hermana Mayor que se hiciera cargo de sus crías, y estuvo reflexionando.

No tenía sentido. Hasta hacía poco estaba convencida de que su hermano y el clan lo hacían muy bien, de que la gestión de los suricatas era muy buena, pero a la hora de afrontar sus problemas esta fracasaba de forma estrepitosa.

Estos recuadros, planes y normas no podían hacer frente a... ¿A qué? ¿Al buitre? Sin embargo, también era consciente de que no era del todo cierto. Era algo más general. Se trataba de nuevos desafíos para los cuales no habían establecido soluciones y políticas, de retos que se cernían sobre ellos a toda velocidad. Ante todos estos cambios, la gestión de los suricatas se había convertido en un continuo de gritos y discusiones de los jefes, aunque no sirviera de ayuda alguna. Se rechazaban las ideas creativas como las de Ayo porque allí no se hacían las cosas así, sino que se tenía que seguir un método que había funcionado muy bien durante mucho tiempo. Y eso no servía para nada.

Ayo y Nadia partieron al atardecer.

3

El viaje

Nadia y Ayo decidieron caminar tan rápido como les fuera posible por la noche, y dormir en madrigueras abandonadas durante el día. De esa manera avanzarían un poco más despacio aunque mucho más seguros.

Tardaron dos noches en encontrar otro clan. Llegaron justo antes del amanecer, se sentaron y esperaron a que se despertaran. Cuando los suricatas salieron de sus madrigueras, los dos viajeros calcularon que eran entre sesenta y ochenta.

—¡Qué raro! Nadie parece haberse dado cuenta de nuestra presencia —comentó Nadia.

—Como guardias, son pésimos —replicó Ayo.

Se quedaron sentados observando al clan. No era un espectáculo agradable.

Advirtieron de inmediato que el nivel de ansiedad de aquel clan hacía que lo que sucedía en el suyo pareciera relativamente tranquilo. Si bien la mayoría de los suricatas corrían de un lado para otro, no estaba claro que hicieran algo. Los que parecían estar al mando discutían y gritaban igual que en su comunidad. Y daba la sensación de que incluso las tareas más rutinarias (alimentar a las crías o arreglar una madriguera que se había derrumbado) no se estaban haciendo bien.

Cuando Nadia intentó hablar con algunos miembros de ese clan, casi siempre le respondían lo mismo: «Lo siento, tengo mucha prisa, no tengo tiempo. He de…». Y el suricata en cuestión se iba. Cuando por fin consiguió detener a una suricata agobiada, descubrió que ese clan también se enfrentaba a muchos de los mismos desafíos que el suyo. Sin embargo, era obvio que todo lo que Nicholas llevaba a cabo cada día de modo sistemático como Jefe de los Guardias, incluso bajo aquellas condiciones que de repente se habían vuelto tan difíciles, era prácticamente desconocido para ese grupo. Y en cuanto a ideas revolucionarias para lidiar con aquellas terribles nuevas circunstancias, no halló ni rastro de ninguna.

No resultó difícil adivinar quiénes eran los Alfas del clan. Un grupo de unos ocho o diez suricatas casi se arrastraban detrás de ellos allá por donde iban. En cuanto al resto del clan, parecían intentar evitar a los jefes y su corte cambiando de dirección en cuanto la comitiva se les acercaba.

Aquella noche Nadia y Ayo conversaron largo y tendido. No podían evitar pensar que aquel clan estaba condenado al fracaso. Era un pensamiento horrible.

«Podemos sacar varias enseñanzas de este clan», pensó Nadia, aunque sabía que necesitaba algo más de tiempo para precisar con claridad cuáles eran. No obstante, era evidente que quedarse junto a aquellos suricatas sentenciados sin poder ayudarles no tenía sentido.

Los dos viajeros se marcharon después de un solo día allí.

No tardaron mucho en encontrar otros clanes. A causa de la sequía, la mayoría de ellos no aceptaba a nuevos miembros, y algunos incluso los ahuyentaron. Otros eran parecidos al clan sentenciado o bien simplemente una versión reducida del suyo propio.

Caminar por las noches, comer menos de lo que estaban acostumbrados e intentar dormir durante el día pronto comenzó a pasarles factura. Pero cada vez que uno de ellos se preguntaba en voz alta si debían proseguir la búsqueda, su interlocutor hallaba palabras o gestos de ánimo para seguir adelante. De modo que continuaron.

De vez en cuando se cruzaban con otros aventureros. Suricatas que en su mayoría eran gente extraña… Así que al principio se mostraron escépticos cuando se encontraron con Matt.

Este era más alto que la mayoría de los suricatas y un poco mayor que Nadia y Ayo. Daba la impresión de llevar bastante tiempo deambulando por ahí.

Tras las típicas presentaciones entre viajeros, Nadia le preguntó cómo había acabado caminando solo por el Kalahari.

La historia de Matt era trágica, la de un clan que

no había encontrado ninguna solución a las nuevas amenazas y que al final se había desintegrado. Las familias se descompusieron. Las guardias se volvieron erráticas. Al final solo se conservaron de manera meticulosa las madrigueras, las cuales incluso se habían ampliado, a pesar de que solo quedaba la mitad de los constructores para realizar el trabajo. Matt era un Beta constructor de madrigueras.

A Ayo el nuevo suricata le cayó bien enseguida, porque era evidente que estaba bien formado y se tomaba su trabajo muy en serio. A Nadia le recordaba a su hermano, al que echaba muchísimo de menos: ambos tenían mucho en común.

—¡Acompáñanos! —le propuso a Matt de forma impulsiva. Ayo se detuvo mientras pensaba en ello, y luego asintió con la cabeza. Matt se mostró sorprendido, pero enseguida aceptó encantado.

Los tres se tomaron un breve descanso.

—He oído hablar de un clan que acaba de formarse, que acepta nuevos miembros, que cuenta con comida suficiente y que no está siendo presa de ningún buitre ni de las nuevas serpientes —les explicó Matt.

Sus palabras captaron la atención de Nadia y Ayo.

—Llevo tres días buscándolo, pero todavía no he dado con él. —Matt dibujó en la tierra un mapa detallado de la llanura que había recorrido durante sus excursiones—. Dicen que está por aquí —les dijo señalando un punto del mismo.

Ayo agarró a Matt y lo arrastró a un gran árbol cercano. Le pidió que trepara detrás de él y en menos de un minuto ya estaban en lo alto.

—Veamos: ¿dónde asentarías a un clan en esta planicie? —preguntó Ayo.

—¡Uau! —exclamó Matt igual que había dicho Nadia la primera vez que subió y contempló la vista desde lo alto de un árbol. Le llevó unos instantes asimilar aquella nueva y espectacular perspectiva y asimilar todo lo que veía. Tras una breve pausa, señaló un lugar situado a unos cinco kilómetros—: ¡Allí!

Reemprendieron el viaje por la noche. Al día siguiente, Nadia, Ayo y Matt encontraron un pequeño clan. Y solo necesitaron unos minutos para darse cuenta de que era diferente.

Una manera de hacer muy diferente

Solo había una docena de suricatas en el clan y se encontraban sentados en círculo. Cuando Nadia, Ayo y Matt llegaron hasta allí, parecían estar a punto de empezar una reunión. Aquellos que advirtieron la presencia del nuevo trío sonrieron, o al menos no parecieron hostiles. Lena, la suricata fundadora del clan y que, como sabrían más tarde, lideraba el grupo, pidió a los viajeros que se sentaran cerca del grupo y esperaran a que terminara la sesión. Lena abrió la reunión con las siguientes palabras:

—Sabemos que este año la lluvia se está retrasando mucho más que nunca. Hasta ahora hemos sido bastante inteligentes para no dejar que este hecho suponga un grave problema. —Sonrió a los demás—. No entendemos por qué está sucediendo esto y tampoco está en nuestras manos conseguir que llueva.

Dos suricatas se rieron con disimulo.

—Pero —continuó— lo que sí podemos hacer es estar preparados por si la lluvia no llega mañana, ni pasado, ni la semana que viene. ¿De acuerdo?

Los otros asintieron con vacilación.

—Ojalá no tuviéramos este problema, pero una solución inteligente puede fortalecernos y mejorarnos como clan. Así que esto puede suponer una gran oportunidad para nuestro grupo.

Lena volvió a sonreír y la mayoría del grupo asintió de nuevo con la cabeza. Nadia estaba fascinada.

La líder del grupo siguió hablando:

—¿A alguien se le ocurre cómo afrontar esta... oportunidad?

Una mano se alzó con timidez y casi pasó desapercibida, pero Lena dijo de inmediato:

—Sí, Tamu. Un fuerte aplauso para Tamu.

Y así lo hicieron. Aquellos que sabían que Lena había animado a Tamu para que se ofreciera voluntario sonrieron y aplaudieron más fuerte.

—En primer lugar, pensemos algunas ideas —propuso Tamu con vacilación y en voz baja—. Pero no comentemos ninguna todavía, por favor. Antes que nada, vamos a recopilarlas.

Los suricatas expusieron sus ideas en voz alta y Tamu las fue escribiendo en el suelo en diferentes sitios dentro de la zona de reunión. Alguien sugirió una idea, pero antes de que Tamu pudiera escribirla en la tierra, otro suricata lanzó otra que la mejoraba. El autor de la idea original hizo una breve pausa, sonrió y asintió vigorosamente con la cabeza.

Cuando Tamu había reunido siete sugerencias y como nadie planteó más ideas, pidió a los demás que votaran con los pies, dirigiéndose hacia la idea que más les gustase. A excepción de dos suricatas, todos se inclinaron por tres sugerencias en concreto. Tamu propuso que se centraran primero en esas tres, y el resto del grupo aceptó con rapidez. A continuación, les dijo a sus compañeros de clan que explicaran qué era lo que más les gustaba de la propuesta que preferían de entre aquellas tres. Y después les preguntó qué problemas potenciales veían en cada una de aquellas ideas.

La discusión que siguió puso dos de las tres ideas bajo nuevas perspectivas que mejoraron aquello que gustaba a los suricatas y redujo lo que no. Nadia lo observaba todo con los ojos tan abiertos que casi alcanzaban el doble de su tamaño normal. No había visto nada ni remotamente parecido en toda su vida.

—¿Podemos desarrollar las tres ideas? —preguntó Tamu al final.

—¡No! —fue la clara respuesta por parte de casi todos los miembros del clan.

—¿Estáis dispuestos a apoyar la idea que obtenga más votos?

—¡Sí! —fue la respuesta unánime del grupo.

Así que votaron una vez más con los pies y salió una ganadora inequívoca: la idea de «compartir la comida».

El concepto era sencillo, pero difícil de poner en práctica debido a todo tipo de obstáculos: «compartir la comida» quería decir que ya no podías comer lo que encontrases. En cierto modo, se trataba de reunir el excedente de lo que no fuera imprescindible para un suricata y asegurarse de que estuviera disponible para aquellos que lo necesitaran. Era un concepto simple, pero radical en el mundo de los suricatas.

—¿Qué hacemos con la idea que ha quedado en segundo lugar? —preguntó Tamu.

Alguien sugirió que la dejaran en reserva y así, si la idea de compartir la comida no funcionaba, podían recuperarla. El grupo accedió. Miraron a Lena, que sonrió y asintió con la cabeza.

—Necesitaremos algunos voluntarios que abran camino y nos ayuden a descubrir cómo desarrollar exactamente lo de compartir la comida y cómo ponerlo en práctica. ¿Quién quiere colaborar? —Se alzaron cinco manos—. Muy bien —dijo Lena—. Demos las gracias a Tamu por esta discusión tan productiva.

Así lo hicieron todos y la reunión concluyó.

Mientras el clan se dispersaba, la suricata que había abierto y dado por finalizada la sesión se acercó a los tres recién llegados.

—Hola, me llamo Lena. ¿Quiénes sois?

Se presentaron y le contaron brevemente su historia. Lena los escuchó sin interrumpirlos. Cuando acabaron de hablar, les dijo que estaría encantada de que se unieran al clan. Los tres respondieron que para ellos sería todo un honor.

—¿Y qué pasa con el buitre? —preguntó Ayo—. ¿También ha estado por aquí?

—Oh, sí —replicó Lena—. No nos causó ningún daño, aunque desde luego lo intentó. Todos nosotros somos lo que los clanes suelen llamar «guardias». Así que, cuando alguien lo veía, gritaba tan alto como podía para que todos le oyéramos; nos refugiábamos con rapidez en una madriguera y ahí acababa el problema. Tras el primer ataque, Satu dirigió un grupo que desarrolló una idea para que estemos más a salvo todavía. Deberías hablar con él y que te la explique; le encantará. Hace tiempo que no vemos al buitre. Debe de haber encontrado otros sitios donde conseguir comida con menos esfuerzo y frustración.

Otro suricata requirió a Lena y esta se disculpó con ellos, pues debía atender a otro miembro del grupo que al parecer estaba enfermo.

Nadia tenía tantas preguntas que no sabía por dónde comenzar. Sin embargo, antes de formularlas, Ayo, Matt y ella buscaron algo de comer y descansaron un poco. Al despertar, Nadia preguntó enseguida cómo podía concertar una cita con Lena. La única respuesta que recibió fueron miradas de extrañeza.

—Ve y habla con ella —le dijeron todos. Y eso fue lo que hizo.

Compartir la comida y otras ideas originales

Nadia averiguó que el clan se había formado hacía solo unos meses. Lo habían fundado Lena y siete suricatas más que se habían escindido de otro clan más grande porque detestaban cómo se organizaba. Ahora hacían las cosas a su manera.

Para que Nadia pudiera entender mejor cómo funcionaba el clan, Lena la animó a que asistiera a la primera reunión que el grupo de voluntarios de «compartir la comida» celebraría aquella tarde. Y eso hizo.

Tamu llegó tarde y el grupo lo esperó sentado cómodamente bajo la sombra de un gran árbol que indicaba la zona de reunión.

—Siento haberme retrasado —se disculpó Tamu.

—No pasa nada —respondieron los demás—. Solo hemos hablado acerca de quién nos gustaría que liderara el grupo.

Tamu se dio cuenta de que todas las miradas estaban puestas en él: eran cordiales y alentadoras. Pero, aun así, le hacían sentir un tanto incómodo.

—¿Queréis decir…?

—Sí, Tamu. Nos gustaría que dirigieras el equipo. ¿Aceptas? —dijo uno de los suricatas.

A pesar de que un tropel de ideas y una sensación de ansiedad se cruzaron por su mente, era un momento de felicidad. En su antiguo clan nunca había desempeñado ningún papel importante. Y había estado vagando por ahí, solo y asustado, en busca de un nuevo hogar después de que su clan de origen se hubiera descompuesto.

—Acepto —se oyó decir a sí mismo.

Unos cuantos aplaudieron con las patas.

Dedicaron el resto de la reunión a hablar acerca del posible éxito de la iniciativa de compartir la comida, de cómo conseguir que el clan comprendiera los beneficios de este proyecto y de qué podría hacerse para motivar a los demás a llevarlo a la práctica tan rápido como fuera posible.

—¿No podríamos, simplemente, ordenar que hay que compartir la comida? —sugirió un impaciente nuevo miembro del clan.

Pero otro observó:

—En nuestro clan nadie tiene derecho a dar órdenes a nadie. Aquí no hacemos las cosas así.

La recién llegada parpadeó dos veces. No estaba del todo sorprendida a la luz de lo que había experimentado desde que se unió al grupo pero, aun así, era una forma muy radical de hacer las cosas.

La discusión sobre cómo lograr que funcionara la idea de compartir la comida siguió diversos vericuetos hasta que alguien por fin sugirió:

—Nuestro clan está formado por quince suricatas si contamos a los recién llegados, y este equipo está formado por cinco miembros. ¿Y si comenzamos cada uno de nosotros a compartir nuestras capturas?

En ausencia de una idea mejor, llegaron a la conclusión de que merecía la pena probarlo, y así lo hicieron.

Al día siguiente se sentaron en un semicírculo y todos ellos pusieron lo que habían capturado en una especie de bandeja que un miembro del equipo había construido con un trozo de madera hueco y luego decorado con hojas. No pasó mucho rato antes de que los primeros suricatas se acercaran con curiosidad a observar aquella extraña escena, y algunos de ellos estaban bastante hambrientos. Al día siguiente, fueron ocho los suricatas que se reunieron en el mismo sitio para compartir su comida; y al otro, ya eran diez. Nadia advirtió que aquellos que cogían comida del plato un día, al siguiente se esforzaban más por conseguir alimentos y contribuir así a la comida del clan. A nadie se le ocurrió contar ni llevar un registro de nada. Ninguno parecía dispuesto a hacerlo, pues parecía evidente que ahora los suricatas obtenían más comida, y no menos, que antes de empezar a compartirla.

Los cinco miembros del equipo de «compartir la comida» celebraron su éxito en la siguiente reunión. Lena se acercó a ellos, y los felicitó por su visión y su creatividad. Y en las numerosas conversaciones que mantuvo durante los días posteriores mencionaba, a menudo pero como de pasada, lo orgullosa que estaba de los que acudían a la comida comunitaria y compartían sus capturas.

A Nadia le encantaba todo lo que veía a su alrededor. Las dos crías del clan solo tardaron un par de días en adoptarla como una especie de «Hermana Mayor» y querían pasar todo el tiempo posible con ella. Nadia estaba encantada de estar con ellas, pero primero quiso averiguar quién estaba a cargo de los pequeños. Descubrió que nadie, pues no había «trabajos» en el sentido que ella conocía. Ni Jefe de los Guardias, ni de Familia. Un suricata que se había ofrecido voluntario para colaborar en el desarrollo de las crías y cuidar de ellas invitó a Nadia a trabajar juntos. Ambos comenzaron a quedar de vez en cuando para compartir qué cosas funcionaban bien y cuáles no, y ver cómo podían mejorar a la hora de ayudar a los dos pequeños.

Mientras tanto, Ayo había estado analizando la zona en busca de los mejores lugares para establecer puestos de guardia. Muy pronto se le ocurrieron media docena de mejoras relativas a la vigilancia. Algunos de los suricatas más jóvenes se quedaron fascinados al verle y oírle, y le pidieron que les diera clases sobre cómo hacer guardia. Ayo aceptó encantado.

Matt inspeccionó las madrigueras y descubrió que no se encontraban en muy buen estado. Cuando lo habló con Lena, esta esbozó una enorme sonrisa y le pidió que buscara algunos voluntarios que le ayudaran a mejorarlas. Y así lo hizo Matt.

Tamu, por su parte, tropezó literalmente con lo que con toda probabilidad era una gran idea. Le llegó en forma de una gigantesca (para él) caca de elefante.

Después de limpiarse una de las patas, observó cientos, si no miles, de gusanitos blancos en el montículo de heces. Examinó unos cuantos, los limpió en la arena y los probó, al principio con el ceño muy fruncido. Sin embargo, su rostro se iluminó al descubrir que su sabor era delicioso y su textura, jugosa. Entonces se le ocurrió la siguiente idea: ¿y si recogían excrementos de elefantes y construían una especie de granja de esas criaturitas que usarían como alimento complementario a lo que ya capturaban? ¿No sería esa una solución clave a sus problemas de comida?

Tamu explicó su idea a los demás. Pocos se mostraron entusiasmados con la idea de comer unos diminutos gusanos procedentes de una masa de «ya sabes qué», y mucho menos ante la perspectiva de tener que formar bolitas con los excrementos y llevarlas rodando hasta el lugar donde construirían la granja. A los que no mostraron ninguna emoción les dijo:

—No pasa nada, no tenéis por qué hacerlo.

La mayoría no participó. Pero Tamu no tardó mucho en reunir a algunos voluntarios dispuestos a poner en práctica la iniciativa. Informó de ello a Lena, que con su habitual tono alentador le animó a hacerlo, a probar, a aprender y a mejorar.

Todavía quedaba mucho por descubrir y por estudiar de esta nueva empresa de crear una granja, y los suricatas que accedieron a colaborar lograron que muchas cosas fueran sucediendo muy rápido. Su primera «cosecha» fue a parar al plato de comida compartida. Si bien al principio lo hacían con cautela, cada vez más suricatas se acercaban a probarla y no tardaron en descubrir que aquella nueva aportación les gustaba.

Nadia lo observaba de cerca. Casi todo le parecía sorprendente: no solo la velocidad con que aparecían nuevas ideas, y cómo estas recibían apoyo y se hacían realidad, sino también el entusiasmo, el grado de cooperación y el nivel de energía desplegados. En su cabeza, no podía evitar comparar todo aquello con lo que había conocido durante toda su vida. Era algo radicalmente diferente y, sin embargo, funcionaba bien. Por su naturaleza curiosa, no dejaba de preguntarse: «Pero ¿por qué? ¿Por qué?».

Fue a ver a Lena.

Círculos *versus* recuadros, querer *versus* tener que

—Lena, ¿qué es lo que mantiene unido a este clan? ¿Qué es lo que hace que sea tan…? —Nadia buscaba palabras cercanas a «inquieto» y «creativo».

Tras darle algunas vueltas, Lena dibujó unos círculos en la arena distribuidos de tal forma que a los humanos les recordaría el sistema solar, con un sol, planetas y varias lunas.

—En el centro —dijo Lena— tenemos el grupo que se reúne cada semana para hablar sobre lo que creemos, lo que queremos ser y los principales problemas a los que se enfrenta el clan. Supongo que es el espíritu de hermandad lo que nos une y nos mantiene unidos. Aquí no se puede fracasar, a menos que no te atrevas a intentar mejorar.

—¿Todo el mundo puede asistir a esas reuniones semanales?

—Cuando solo éramos doce, sí. Ahora que cada vez se incorporan más aventureros como tú, deberemos animaros a que ayudéis de otro modo. No todo el mundo disfruta del arduo trabajo que supone reflexionar acerca de los problemas generales, por no hablar de escuchar las opiniones de los demás… de todos los demás.

Nadia señaló los planetas y las lunas en el dibujo del sistema solar y preguntó:

—¿Y qué son los otros círculos?

Lena asintió con la cabeza.

—Uno es la granja de bichos que ha emprendido Tamu; otro es el cuidado de las crías que iniciaste tú, y este representa al grupo que organiza las tareas de compartir la comida, dirigido ahora por Alonda. —Dibujó más círculos en torno a este último—. Cada uno de ellos lleva a cabo una serie de actividades. No puedo controlarlas todas, y ni siquiera lo intento. Están dirigidas por…, bueno, puede hacerlo cualquiera. Con frecuencia me sorprende ver quién es el que al final muestra pasión y visión. Como ya habrás observado, cada equipo elige a su líder y cualquiera puede unirse al grupo que desee.

Nadia observó el diagrama y pensó en las palabras de Lena. Resultaba difícil de entender a la luz de todo lo que había experimentado antes en su vida, pero tenía mucho sentido.

Justo antes del anochecer, llegaron dos suricatas nómadas de un clan al que un buitre y el hambre acababan de destruir. Se quedaron tan asombrados como Nadia con lo que veían y oían, y uno de ellos volvió rápidamente sobre sus pasos en busca de otros supervivientes de su grupo.

Y así, el clan de Lena siguió creciendo muy, muy rápido. Gracias a la seguridad, la comida y el buen ambiente, pronto nacieron varias camadas. De algún modo se corrió la voz y otros suricatas desperdigados los encontraron. El grupo, que tenía doce miembros cuando llegó Nadia, pasó a tener veinte y luego treinta a una velocidad sorprendente.

Nadia, Ayo y Matt no tardaron en convertirse en miembros importantes del clan. Sin embargo, a diferencia de los dos machos, que habían hallado lo que buscaban, Nadia sabía que muy pronto tendría que regresar a su hogar para compartir lo que estaba aprendiendo:

Sobre el ejercicio del poder desde cualquier posición, sobre la pasión, la visión, el voluntariado y la creatividad; sin recuadros, líneas, procedimientos, Alfas y Betas. Sobre cómo era posible afrontar desafíos completamente nuevos y desconocidos con una rapidez asombrosa.

El clan de Lena siguió creciendo a buen ritmo. Llegó a los cincuenta miembros… y fue entonces cuando empezaron los problemas.

4

Con el tamaño llega…

Matt comenzó a trazar un mapa detallado de las madrigueras. Había algunas que no recibían un buen mantenimiento y áreas en las que faltaban túneles subterráneos suficientes para acomodar al creciente clan. Encontró a algunos compañeros que se mostraron entusiasmados ante el desafío intelectual de cartografiar, calcular y diseñar madrigueras. Pero cuando pidió voluntarios que ayudaran a excavar y a limpiar los túneles, unas tareas que realizarían cada mañana a partir de las ocho en punto, la respuesta no fue demasiado entusiasta.

—¿Cada mañana a las ocho en punto? ¿A las ocho? Me gustaría colaborar, pero…

—¿Tendríamos que excavar y limpiar en función de un plan detallado? Bueno, Matt, eso no es lo mío.

Con la ayuda de Ayo, Matt también esbozó lo mejor que pudo un esquema que indicaba cómo hacer las guardias. Los suricatas ponían mucho empeño en protegerse entre sí, pero sus esfuerzos eran inconstantes. E igual que había sucedido con las madrigueras, si bien muchos estaban más que dispuestos a ayudar a Ayo a planear cómo hacer las guardias, el número de suricatas que se avenía a cumplir con un horario, vigilar por la noche («¡qué aburrido!») y seguir órdenes no era... muy elevado.

Ayo y Matt fueron a hablar con Lena.

—Nos preocupa la seguridad, Lena. Ahora el clan es lo bastante grande como para llamar la atención. A fin de proteger el clan, necesitaríamos como mínimo tres guardias formados, o mejor cuatro, a cargo día y noche. Además, tendrían que estar ubicados en el lugar adecuado, así como seguir un horario fijo. La idea de que «todo el mundo vigila para todo el mundo» ya no es sensata.

Lena escuchó también cómo Matt exponía el problema de que los suricatas no se presentasen a la hora convenida para excavar y mantener las madrigueras. Entonces dijo:

—Mirad a vuestro alrededor, Ayo y Matt. Vivimos

bien. Incluso en medio de una sequía, acabamos de tener tres nuevas camadas y se nos unen suricatas prácticamente a diario. Creo que os preocupáis demasiado.

Aunque no dijo nada sobre ello, también Lena había empezado a observar con creciente preocupación que no se llevaban a cabo ciertas tareas necesarias o que no se hacían de forma sistemática cada día. Esperaba que Ayo y Matt asumieran un mayor liderazgo en las cuestiones relativas a las guardias y a las madrigueras, y que solucionaran cualquier problema que pudiera surgir. Pero no quería criticarlos y desinflar su compromiso y entusiasmo. Así que les soltó uno de sus discursos de «tú puedes hacerlo».

En la siguiente reunión semanal, Lena habló acerca de los ideales del clan. Fue inspiradora, como siempre, pero era consciente de que se dirigía sobre todo a aquellos que no necesitaban la charla. Dado que las reuniones eran de asistencia voluntaria, la mayoría de los que en realidad sí necesitaban escuchar sus palabras estaban ausentes.

Durante los días siguientes, aumentaron las tensiones entre los veteranos del clan y los que acababan de llegar, entre los suricatas que pensaban como Matt y los que no, y entre aquellos que daban y aquellos que solo recibían.

Cualquier cosa que requiriese alguna clase de esfuerzo coordinado entre decenas de suricatas no se realizaba como se debía, o se debatía hasta el infinito en grupos cada vez más frustrados por su incapacidad de llevar los proyectos a término. Incluso aquellos que querían ayudar a menudo no sabían muy bien qué se esperaba de ellos, o bien invertían una gran cantidad de tiempo y creatividad en tareas que solo podían hacerse de una manera determinada, que algunos ya conocían.

Nadia, Ayo, Matt y Tamu acudieron a ver a Lena y le dijeron que necesitaban hablar con ella. Cuando esta les preguntó qué les preocupaba (porque era evidente que algo pasaba) recibió las respuestas siguientes:

- Tras la exaltación inicial que había producido la granja de bichos, a Tamu le resultaba cada vez más difícil encontrar suficientes voluntarios para realizar el trabajo rutinario, que ciertamente no era nada agradable. Dedicaba tanto tiempo a las labores de la granja él solo que comenzaba a sentirse agotado.

- Nadia informó que varios miembros del clan que se habían ofrecido a ayudar con las nuevas camadas no valían para hacerlo. Pero ¿quién iba a decírselo? ¿Quién tenía derecho a decirles algo así?

- Matt explicó a Lena y a los demás que, a pesar de lo mucho que se había esforzado, las madrigueras se encontraban en un mal estado crónico. En apariencia, nadie estaba dispuesto o tenía la suficiente habilidad para construirlas y mantenerlas.

- Y Ayo se limitó a decirle: «Ya sabes mi opinión sobre la seguridad y las guardias».

Hubo más quejas. Lena escuchó, suspiró y dijo:

—Cuando fundé este clan con algunos amigos, nos imaginamos que cada uno de nosotros era un servidor y un líder a la vez. En todos nosotros reside un profundo deseo de levantarse cada mañana para ser la mejor versión de nosotros mismos. —Y tras una pausa dramática, continuó—: ¿Creéis que esto vale la pena? ¿Que es cierto?

Todos asintieron despacio de un modo que insinuaba: «Bueno, sí, pero…». Lena añadió que estaba segura de que el clan y su voluntad de hierro serían capaces de superar estas cuestiones que parecían formar parte del crecimiento natural del mismo.

Nadia, Ayo, Matt y Tamu salieron de la reunión un poco más optimistas y preguntándose cómo, una vez más, Lena había conseguido no solo que los problemas no parecieran tan grandes, sino además reforzar su confianza en el clan.

Por fin llega la lluvia

Durante los días siguientes Matt habló a menudo con Nadia. Cuanto más estudiaba las madrigueras, más alarmado estaba. Así que aquella noche tampoco durmió bien y permaneció despierto pensando en cómo afrontar aquel problema. Cuando oyó los primeros plop plop no distinguió a qué se debían exactamente, hasta que el ruido se hizo cada vez más fuerte y hubo un estruendo.

La lluvia había llegado.

Matt salió a la carrera y vio cómo la tierra seca se empapaba del agua de la lluvia. No pasó mucho tiempo hasta que varios centímetros de agua cubrieron una superficie que no podía absorberla con la rapidez suficiente. Matt no entraba en pánico con facilidad, pero su mente no tardó mucho en llegar a una conclusión obvia y aterradora: muy pronto el agua se colaría dentro de las madrigueras y, dado el mal estado de algunos túneles, seguro que estos se derrumbarían.

—¡Llueve! ¡Despertad! ¡Salid afuera! —gritó, a la vez que volvía a entrar a toda velocidad en su madriguera.

Algunos suricatas reaccionaron con celeridad y salieron corriendo y llevando consigo a los más pequeños, que no tenían ni idea de lo que estaba pasando porque en su escaso tiempo de vida nunca habían visto llover. Matt corrió hacia otra madriguera para dar la alarma. Pero ya era demasiado tarde. El túnel se había derrumbado, al inundarse rápidamente de agua, y había atrapado a los suricatas que dormían en su interior.

—¡Ayuda! ¡Ayuda! —gritó Matt.

Algunos suricatas se agruparon a su alrededor y juntos empezaron a cavar un nuevo túnel en dirección a una madriguera cuya entrada principal ya estaba anega-

da de agua. Matt conocía el camino más corto y más adecuado gracias a su mapa, aunque no tenía claro si los suricatas atrapados aún se hallaban en la cueva principal o se habían cobijado en algún túnel circundante intacto. Cuando por fin empezaron a oír gritos de pánico procedentes de la madriguera, supieron que estaban en el buen camino. Poco después los compañeros atrapados, muertos de miedo, abrazaban a sus exhaustos salvadores.

Matt apartó de un empujón a una suricata todavía aterrada, aunque eufórica, al oír más gritos de auxilio a izquierda y derecha.

—¡Vamos! —gritó a todos los que estaban a su alrededor—. ¡Todavía nos queda mucho que hacer!

A riesgo de su propia vida, y con la ayuda de unos

pocos suricatas más, Matt repitió lo que acababa de hacer. Salvaron a seis más. Pero las madrigueras eran un desastre. La falta de un mantenimiento sistemático de las mismas había ocasionado estragos.

Siete suricatas murieron aquella noche. Los supervivientes estaban atónitos.

Al día siguiente, todos los miembros del clan estaban sentados solos o hablaban bajito en corrillos. Se respiraba tristeza y duelo por todas partes. Por si fuera poco, además, la creciente tensión de las últimas semanas había encontrado por fin una válvula de escape y comenzó la búsqueda de culpables.

Algunos de los miembros más antiguos del clan magnificaban los buenos tiempos, cuando aún eran un grupo pequeño y todos cuidaban de todos. Echaron la culpa de los problemas actuales a los miembros nuevos de la comunidad.

—¡Ya no somos lo que éramos y es culpa de ellos! ¡Tienen que irse!

Los que se esforzaban más con el trabajo y la comida culparon a los que hablaban mucho pero luego no acudían cada día a trabajar.

—Estoy cansado de cubrirles las espaldas a los demás. ¡Esta idea de «voluntariado» es una tontería alejada de la realidad!

Otros suricatas debatían acerca de la necesidad de que alguien se hiciera cargo de aquella situación caótica y pusiera orden en todo ese caos ejerciendo el poder con mano firme.

Lena estaba en medio de todo. Aunque intentó que no se le notara, le preocupaba la idea de que su visión acerca de cómo tenía que funcionar un clan se estuviese viniendo abajo y se preguntaba qué había ocurrido.

Nadia, por su parte, no podía creer que, una vez más, su mundo estuviera desmoronándose delante de sus ojos. Sintió que se le paralizaban las piernas y tuvo que sentarse. Transcurrió el tiempo. ¿Fue una hora? ¿Dos? Muchos pensamientos cruzaron por su cabeza, la mayoría confusos, tristes o desalentadores.

Todo aquello que tan rápidamente había aprendido a amar, toda la energía, pasión, visión y liderazgo, incluso por parte de los miembros más jóvenes del clan, todo aquello que empezaba a creer que era a todas luces un modo mejor de dirigir un clan estaba… fracasando de manera estrepitosa.

Pero ¿por qué? Pensó en los pocos suricatas que había cuando ella llegó y en el grupo mucho más numerosos en el que se había convertido. Pensó en la disciplina, la estructura y las normas que su hermano y Matt creían que eran tan importantes y que allí estaban ausentes. ¿En detrimento propio? Sin embargo ¡la gestión de los suricatas también había fracasado en su clan natal!

Y entonces se le encendió una bombilla proverbial.

5

A la mañana siguiente el cielo estaba despejado y claro. Al igual que la mente de Nadia.

—Lena, tenemos que hablar —dijo cuando localizó a la fundadora del clan bajo el árbol de la comunidad.

Una Lena exasperada le pidió a Nadia que se sentara. La joven la miró y dijo:

—Lena, eres una líder increíble, de verdad.

Esta bajó la mirada hacia sus manos.

—Eres muy amable, Nadia, pero dadas las circunstancias…

La joven acarició con suavidad a su nueva amiga hasta que esta volvió a levantar la cabeza.

—Sin ninguna duda eres la persona más inspiradora y comprensiva que he conocido en toda mi vida.

Ambas se miraron y Lena dijo con ternura:

—Muchas gracias, Nadia. Tu opinión significa mucho para mí.

—Cuando nos unimos al clan —continuó Nadia— me impresionó de inmediato el espíritu de este lugar, que tú habías inspirado. Sacó lo mejor de muchos de nosotros e hizo que se produjeran cosas maravillosas como la granja de bichos y lo de compartir la comida, así como que se hicieran efectivas muy rápido.

—No fui yo, Nadia —la interrumpió Lena con amabilidad—. Fueron los ideales y nuestra visión. Fue un grupo que se juntó y que creía apasionadamente en eso. Fue toda la energía y creatividad sin freno que este llegó a producir, avivadas, supongo, por un poco de estímulo y apoyo por mi parte aquí y allá para conseguir que la gente mantuviera el optimismo a pesar de los obstáculos y los contratiempos.

Lena se había pasado despierta casi toda la noche reflexionando sobre por qué todo había salido mal. Pero Nadia tenía una pregunta mejor.

—¿Cuándo empezaron a… —Nadia hizo una pequeña pausa y luego se lanzó— a ir mal las cosas?

Si Lena se ofendió o se puso a la defensiva, no se le notó.

—En retrospectiva —respondió—, tal vez te diría

que cuando nos convertimos en un grupo de una treintena de miembros. Quizá un buen clan no pueda tener más de veinticinco miembros.

Nadia negó con la cabeza. Todo iba teniendo sentido.

—¡En mi clan natal éramos más de ciento cincuenta! Y nunca se hundió ninguna madriguera, ni se desatendió un puesto de vigilancia ni había suricatas a cargo de las crías que no fueran aptos para ello. Todos desempeñábamos un rol y contribuíamos de algún modo para ganarnos el derecho a formar parte del clan. ¡Y hacíamos bien nuestro trabajo! —Nadia dibujó el gráfico de círculos de Lena en la arena—. Estos círculos y los principios que subyacen tras ellos nunca conseguirán algo así. Pueden motivarnos a actuar y a innovar con gran energía, y en ocasiones con sorprendente velocidad. Pero no veo cómo pueden garantizar que un clan con muchos miembros lleve a cabo sus labores cotidianas de manera fiable.

Entonces Nadia dibujó varias líneas y recuadros junto al diagrama de Lena y se oyó a sí misma repitiendo aquello que Nicholas le había contado no hacía tanto sobre la gestión del clan.

Lena la escuchaba. Sus ojos observaban el nuevo gráfico con mucho interés. Asentía levemente mientras Nadia hablaba. Se notaba por su expresión que estaba absorbiendo todas esas nuevas ideas, o al menos que ponía mucho empeño en intentarlo.

A Lena la mayor parte de lo que decía Nadia le recordaba el clan en el que había crecido y del cual se había marchado. Pero el método de Nadia era más lógico y sofisticado, así como menos arbitrario. No estaba plagado de reglas ni de dirigentes manifiestamente ineptos que no deberían ocupar aquellos puestos.

Cuando Nadia terminó su discurso «a lo Nicholas», Lena señaló ambos dibujos en la tierra y, anticipándose a Nadia, dijo:

—Son muy diferentes. ¿Cómo vamos a fusionarlos?

Nadia pensó un momento.

—Lena, ¿eres creativa y estás abierta a nuevas ideas, aunque parezcan una locura?

—Me gustaría pensar que sí —respondió ella.

Nadia abrió mucho los ojos.

—¡Claro que lo eres! Pero ¿eres lo bastante disciplinada para hacer cosas y conseguir resultados?

Lena hizo una pausa y respondió:

—No tanto como otros suricatas que he conocido. Pero sí. —Lena no tardó mucho en ver la enseñanza en sus propias respuestas—. Quieres decir que si un suricata puede ser a la vez creativo y disciplinado, como mínimo hasta cierto punto, ¿por qué no iba a poder serlo un clan? —dijo señalando ambos dibujos.

Nadia asintió.

—Sin embargo, si tengo que pasarme todo el día haciendo esas cosas que tú llamas «gestión», creo que me vendría abajo. O me volvería loca —manifestó Lena.

—¿Por qué tendrías que hacerlo? —preguntó Nadia con una sonrisa—. ¿Alguna vez te has encontrado con un suricata que posea el don de hacerlo todo extremadamente bien? Yo no. Pero a veces conseguimos muchas cosas trabajando en equipo.

La mente de Lena era un torbellino. Tenía un montón de preguntas sin respuesta sobre cómo hacer que dos tipos de clanes tan diferentes cooperaran para que ambos obtuvieran beneficios y evitaran sus limitaciones. No obstante, en ningún momento de su vida había necesitado recibir todas las respuestas, bastaba con tomar un rumbo prometedor.

—¿Me ayudarás a hacer que esto funcione?

Nadia parecía indecisa.

—No puedo, Lena —respondió—. No soy tu colega más idóneo para llevarlo a cabo. Y además tengo que volver a mi clan natal para contarles lo que he descubierto. Sabes lo mucho que me importáis tú y todos los demás miembros del clan. Pero al menos debo intentar ayudar a los suricatas con los que me crie, y también echo muchísimo de menos a mi hermano mayor. Además, aquí ya tienes todo lo que necesitas.

Nadia miró a su alrededor y rápidamente encontró lo que estaba buscando. Lena siguió la mirada de la joven y también lo vio.

—¿Matt? —preguntó Lena.

—Claro. Es un gerente fantástico y lo bastante listo como para entender esta idea. —Nadia señaló los dos dibujos—. Te respeta mucho —añadió—, un sentimiento que parece mutuo.

Ninguna de las dos suricatas dijo nada durante unos segundos. Lena rompió el silencio:

—Pero nunca he visto ningún clan que funcione de esta manera. ¿Y tú?

—¿Y cuántas veces habías visto una granja de bichos? —Nadia sonrió.

Se quedaron calladas de nuevo y entonces Lena también esbozó una sonrisa.

—¿Cuándo te irás? —preguntó.

—Esta noche.

Lena suspiró, pero enseguida le regaló una de sus cálidas sonrisas.

—Te deseo lo mejor. Y gracias por todo. Por favor, vuelve siempre que quieras. Siempre serás bienvenida.

Se dieron un largo abrazo. Y Nadia se marchó.

La gran oportunidad

—Debo acompañarte —dijo Ayo.

—Pero aquí has aportado muchas cosas nuevas —respondió Nadia—. Y creo que serás de gran ayuda para Lena y Matt. Tienes un gran futuro por delante…

—Tendría un futuro muy desdichado si te pasara algo de regreso a casa —la interrumpió—. Y por si no te has dado cuenta, ¡me parece imposible ser feliz, me encuentre donde me encuentre, si tú no estás a mi lado! —espetó un enfadado Ayo, en un tono más alto de lo que pretendía.

Nadia hizo una pausa, miró a Ayo con sorpresa y luego, con una enorme sonrisa en el rostro, dijo:

—Vale…

—¿Qué hacemos ahora? —preguntó Ayo.

Lena pensó unos instantes.

—Caminaremos por la noche, como la última vez. Nos encontraremos en el árbol de la comunidad en cuanto anochezca.

Ayo asintió con la cabeza en señal de acuerdo.

—Tengo que ir a despedirme de algunos amigos e invitar a todos aquellos que quieran acompañarnos. Tú deberías hacer lo mismo —continuó Nadia.

Ayo así lo hizo y, poco después de la puesta de sol, tras despedirse en medio de un mar de lágrimas, ambos partieron con un puñado de suricatas que por razones diversas habían decidido unirse a ellos.

Se dirigieron hacia el este y deshacieron rápidamente el camino que Nadia y Ayo habían recorrido hacía meses. Pasaron por el lugar donde vivía el clan condenado al fracaso. No había nadie. Ni un suricata. Era un espectáculo deprimente.

—Apretemos el paso —propuso Nadia, y el grupito así lo hizo.

Al alba vieron aproximarse un grupo de exploradores. Cuando estuvieron más cerca de ellos, Nadia advirtió que no se trataba de aventureros. ¡Era Nicholas con unos cuantos de sus guardias!

Los hermanos corrieron hasta abrazarse con mucha fuerza. Fue un reencuentro muy emotivo: con mucho cariño y el profundo alivio de que el otro estuviera vivo. Sin embargo, no había pasado aún ni un minuto cuando Nicholas se apartó y dejó salir todo su enfado.

—¿Por qué te fuiste? ¿Dónde has estado? ¡He estado preocupadísimo! —Se fijó en los suricatas que acompañaban a Nadia y a Ayo, y preguntó—: Y estos ¿quiénes son?

—Te lo contaré todo —contestó Nadia—. Pero primero dime: ¿qué ha pasado en casa?

Nicholas se lo explicó. A los ataques del buitre y la sequía, que ya eran de por sí bastante malos, se sumó una tormenta de arena que obligó al debilitado clan a no salir de las madrigueras durante dos días. No disponían de ningún procedimiento para lidiar contra una tormenta de arena de dos días mientras intentaban luchar contra otros contratiempos que no tenían precedentes. Los nuevos peligros, junto con la incapacidad del clan de solventar otros problemas, los habían abocado a una espiral de hambre, ira y ansiedad que, en una primera fase, detuvo el crecimiento del clan y, luego, lo llevó a disminuir su tamaño.

—Hemos conseguido algunos éxitos. No todo ha sido un fracaso. Hemos aprendido algunas cosas sobre cómo enfrentarnos al buitre —dijo Nicholas—. Poco a poco la vida ha empezado a mejorar.

La expresión «poco a poco» sonó angustiada, enfadada y llena de frustración.

Nicholas se dirigió a Ayo:

—Hace pocas semanas, oí que uno de mis guardias hablaba sobre tu método «desde lo alto del árbol». He conseguido que lo lleven a cabo la mayor parte del tiempo, pero no siempre. —Nicholas sintió cierta vergüenza al admitir que algunos guardias, por las razones que fuesen, no cumplían sus órdenes y no trabajaban de forma sistemática siguiendo este nuevo método—. Tu idea, Ayo, ha contribuido a cambiar la situación.

Este esbozó una gran sonrisa. Aunque no lo demostrara exteriormente, se sentía casi eufórico porque su innovación hubiera acabado ayudando al clan.

La sequía estaba llegando a su fin, pero la experiencia del fracaso había dejado a uno de los Alfas

(Moro), a Nicholas y a dos Jefes de Familia muy preocupados. ¿Qué se les había escapado? Y lo que era aún más preocupante: algunos miembros del clan actuaban como si las cosas ya fueran bien, como si no sufrieran ninguna crisis extrema, como si no resultase necesario reflexionar sobre lo que habían pasado.

—Creo que tengo una solución —dijo Nadia a su hermano.

—¿De verdad? —respondió Nicholas asombrado.

—De verdad.

—Cuéntamela.

—Luego —prometió la joven—. No sé vosotros, pero después de caminar durante toda la noche tengo hambre y necesito dormir un poco. Por ese orden.

Nadia miró a su alrededor y vio que todos los exploradores estaban claramente de acuerdo con ella, pero antes de que todos salieran pitando en diferentes direcciones a la caza de insectos crujientes, escorpiones y alimentos por el estilo, dijo:

—Aún nos queda por delante un largo camino y todos necesitamos estar lo más fuertes que podamos. La solución es avanzar tan rápido como lo haga el más lento de nosotros. En el clan del que venimos hemos aprendido a compartir la comida que no necesitamos para sobrevivir.

Una mirada de incomprensión apareció en el rostro de Nicholas y de sus guardias.

—Mis compañeros y yo traeremos todo lo que consigamos cazar —explicó Nadia— y lo compartiremos con aquellos que no hayan tenido tanta suerte. Y si queréis, podéis hacer lo mismo.

Para Nicholas y sus guardias, aquella era una idea radical. Sus centinelas lo miraron para consultarle y él asintió ligeramente con la cabeza. Así que en menos de una hora ya estaban de nuevo todos reunidos compartiendo más o menos sus capturas, hablando y, de vez en cuando, riendo.

Tras echar una cabezada, Nicholas salió de la madriguera en busca de Nadia, que ya estaba sentada bajo un árbol.

—¿Cómo estás? —le preguntó a su hermana pequeña favorita.

—Muy contenta de volver a estar contigo. Te he echado muchísimo de menos. —Y tras un pequeña pausa agregó—: Tengo que explicar todo lo que he aprendido a los Alfas, Betas y a… bueno, y al resto del clan. Y no sé muy bien cómo hacerlo.

—¿Y si empiezas por explicármelo a mí? —sugirió Nicholas mientras correteaba a su lado. Su cara siempre mostraba respeto cuando estaba con Nadia, pero si uno se fijaba en su rostro más detenidamente percibía que en realidad albergaba serias dudas sobre que su hermana pequeña hubiera dado con la solución mágica de aquella situación tan difícil—. Si me convences a mí, convencer a los demás será pan comido.

Así que Nadia le dijo a Nicholas:

—Eres un gran gerente, el mejor que he visto en mi vida.

Él, por supuesto, se sintió halagado.

—Y hay otros en nuestro clan que son, como poco, buenos gerentes. Pero… —Nadia hizo una pausa—. ¿Cuándo crees que empezaron los problemas en el clan?

Nicholas consideró aquella pregunta.

—Supongo que en el momento en el que nos enfrentamos a la vez al buitre, al aumento de serpientes y a la sequía —respondió su hermano—. Todo nos sucedió de forma muy rápida e inesperada. Jamás había visto nada parecido.

Nadia tocó el brazo de Nicholas y dijo:

—El clan de Lena, donde he estado viviendo, tuvo que enfrentarse prácticamente a los mismos retos y, durante al menos un tiempo, lo hicieron a la perfección con creatividad, y rapidez. Fue increíble. —Nadia esbozó el dibujo de Nicholas en el suelo—. Nuestros recuadros y líneas, Betas y Alfas, normas y procedimientos, medidas y porcentajes, no pueden conseguir lo que ellos lograron. O como mínimo yo no sé ver cómo. Nuestra forma de vivir ha sido pensada para ayudar a que un gran clan… funcione bien. Para que el trabajo diario se lleve a cabo siempre como se supone que tiene que hacerse. Ahora veo con claridad que eso no ocurre simplemente porque sí. Debes ser listo y disciplinado cuando tu grupo tiene cincuenta, cien o doscientos miembros. Pero, perdóname, hermano, nuestras virtudes se convierten en defectos a la hora de lidiar con aquello que sea nuevo e imprevisto, sobre todo cuando varias fatalidades se precipitan sobre nosotros sin tregua.

Estas palabras hirieron el orgullo de Nicholas, pero a la luz de su reciente experiencia no podía discutírselo a su hermana.

Nadia comenzó a dibujar los círculos de Lena y explicó a Nicholas lo que había aprendido acerca de cómo funcionaba ese modo de vida. Habló largo y tendido sobre liderazgo, no solo del ejercido por un Alfa, sino por todo el resto de los miembros. Su hermano la escuchaba e intentaba asimilarlo todo, pero le resultaba difícil. Jamás había visto nada ni siquiera parecido.

Nadia trazó unas líneas que conectaron ambos diagramas y los convirtió en uno solo.

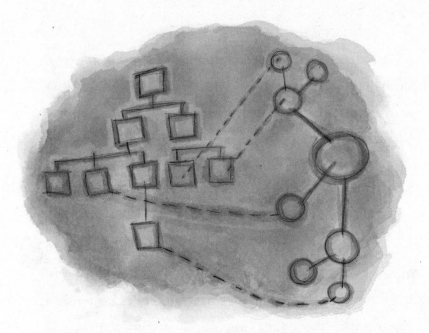

Pasaron varias horas hablando. Nicholas no dejaba de preguntarle cosas.

—Pero ¿quién estaría al mando? ¿Qué pasaría si uno de mis guardias estuviera trabajando en una de esas «iniciativas» y dejara sus labores de vigilancia? No disponemos de suficientes suricatas para cubrir todas las tareas.

Nadia trató de responderle lo mejor que pudo. Aunque, sinceramente, de vez en cuando solo aventuraba conjeturas lógicas, pues nunca había visto en la realidad lo que había dibujado en el suelo.

Cuando Nicholas se quedó un rato con la mirada perdida, su hermana le preguntó:

—¿En qué piensas?

Este se volvió hacia ella, mientras se preguntaba si debía compartir con ella lo que le pasaba por la cabeza. Nadia le dijo con firmeza:

—Este no es el momento de mentirle a tu hermana pequeña porque creas que no puede lidiar con la verdad.

Nicholas respiró hondo y dijo:

—Mis compañeros Beta, al menos muchos de ellos, y como mínimo un Alfa, pensarán lógicamente que esto provocará el caos. Dirán que es poco realista esperar que una joven e inexperta suricata se ponga al mando de un proyecto importante y alcance el éxito. Nunca permitirán estas actividades —señaló los círculos— si no queda claro quién es el jefe o si no hay unas normas definidas que muestren si el grupo consigue el éxito o no. Incluso si se vieran obligados a ello por los Alfas, los Betas, al menos unos cuantos seguro que intentarían hacerse con el control del grupo. O acabar con él. Ellos...

Dejó de hablar al advertir que la cara de su hermana empezaba a mostrar cierto desánimo. Quizá se había equivocado al compartir sus pensamientos con ella.

Nadia respiró hondo y cerró los ojos. Cuando los abrió, le preguntó a su hermano:

—¿El clan crece y avanza? ¿Cómo afrontó la crisis de la tormenta de arena? ¿Duermes bien por las noches, seguro de que tus amigos no corren peligro? ¿Está el clan a la altura de tus esperanzas y sueños? —Hizo una pausa y siguió hablando—: Si necesitamos resultados diferentes, ¿vamos a obtenerlos haciendo lo mismo de siempre, con la única diferencia de que nos esforzaremos más?

Nicholas fijó la mirada en el suelo en silencio durante lo que pareció un rato muy largo. Su pecho se ensanchó al respirar muy hondo. Miró a su hermana y simplemente dijo:

—Tenemos mucho trabajo, y muy importante, por hacer.

Volvieron a caminar toda la noche y a la mañana siguiente llegaron a su antiguo clan.

Intentando explicarse

Mientras Nadia tenía las manos ocupadas tratando de calmar a los emocionados pequeños que se le colgaban por todas partes, Nicholas se lanzó a la acción. Tuvo una breve charla acerca de lo que Nadia le había contado con los tres suricatas de mayor rango que más lo habían apoyado cuando solicitó ir a buscar a su hermana: un Alfa (Moro) y dos Jefes de Familia. A los tres les costaba entender las palabras de Nicholas. Pero lo escucharon.

Después de hacer preguntas y más preguntas, los dos Jefes de Familia miraron a Moro. Este contempló el vasto desierto, que parecía prolongarse hasta el infinito.

—La mayoría del clan piensa que estamos a salvo y que la vida volverá a la normalidad después de un tiempo. —Balanceó la cabeza de lado a lado, despacio—. Pero yo no estoy de acuerdo. Hay señales, aunque no son muy evidentes, de que nuestro mundo está cambiando. Y parece que para siempre. Si esto es así…

Al día siguiente Moro habló con su colega Mara de la necesidad de convocar a todos los Betas a una reunión y de invitar a Nadia. Esta miró al otro jefe del clan como si se hubiera dado un golpe en la cabeza y no estuviera en su sano juicio. ¿Escuchar a una joven e inexperta suricata que había abandonado el clan? Moro habló con amabilidad pero también con una insistencia firme y Mara finalmente accedió a su propuesta, no tanto porque estuviera de acuerdo como porque no quería discutir con él.

Y así fue como Nadia les contó a todos los Alfas y

Betas su idea de fusionar dos formas muy diferentes de trabajar en una sola.

A una distancia prudencial, unos cuantos suricatas adultos intentaban escuchar aquella conversación tan poco habitual. De unos cuantos pasaron a ser una decena, luego dos, y pronto casi la mitad de los adultos y algunos pequeños rodeaban a los jefes y a Nadia. Un solo gruñido de cualquiera de los dos Alfas hubiera hecho que la multitud se dispersara. No obstante, aunque Mara gruñó a menudo, siempre lo hizo en solitario.

Moro abrió la reunión.

—A todos nos importan demasiado nuestros compañeros suricatas para volver a ponerlos en riesgo de sufrir ataques imprevistos, hambre o quizá algo peor. Debemos recordar que no estamos solos en este mundo. Muchos estarían encantados de ocupar nuestro lugar, comer nuestros alimentos o, si se les brindara la oportunidad, a nosotros mismos. No podemos simplemente acomodarnos, desempeñar nuestro trabajo cotidiano aunque cada día lo hagamos un poquito mejor, y confiar en que todo vaya bien.

Moro se dirigía a los Betas y a Mara, pero era muy consciente del público cada vez más numeroso que los rodeaba, por lo que se daba perfecta cuenta de que todo lo que decía llegaba también al grupo de espectadores.

—Como muchos de vosotros sabéis —prosiguió Moro—, Nadia ha estado viajando y ha descubierto enseñanzas muy interesantes. Quiero que escuchéis con atención y nos ayudéis a Mara y a mí a considerar su idea detenidamente.

Nicholas dibujó el gráfico con los recuadros y círculos, y Nadia empezó a relatar su viaje. Habló de los clanes con los que se había encontrado. Refirió cómo al final había dado con el grupo de Lena y cómo este prosperaba y crecía a pesar de enfrentarse a las amenazas de nuevos depredadores y la ausencia de lluvia. Y también explicó cómo, en última instancia, la falta de algunas habilidades que, por otra parte, su clan natal sí poseía (los Alfas y Betas allí presentes las poseían), había ocasionado graves problemas cuando aquel próspero grupo superó cierto umbral de crecimiento.

Ante la mención de aquellas «habilidades claves», Mara y algunos Betas asintieron con complicidad.

Nadia habló luego del círculo de los líderes, de energía y pasión, del trabajo voluntario, de su visión, de la disposición y habilidad para crear y cambiar, de la granja de bichos y de compartir la comida. Habló de cómo aquel clan había florecido y crecido (hasta cierto punto) cuando todos los demás, entre ellos el suyo propio, lo estaban pasando fatal después de que el mundo que conocían hubiera empezado a cambiar tan rápido.

El asentimiento anterior de Mara y de algunos Betas fue reemplazado por miradas de incomprensión y desconfianza.

Moro, al contrario de Mara, escuchaba con atención y de vez en cuando incluso decía «Sí». Sin embargo, no tenía precisamente el carácter más paciente del mundo y comenzaba a hartarse de oír «qué» podría o debería hacerse, así que empezó a presionar para que Nadia explicara el «cómo». ¿Cómo podían poner en práctica aquellas enseñanzas sin que supusieran riesgos inasumibles y de tal modo que todos los miembros del clan pudieran entenderlas?

—¿Por qué no empezamos con la granja de bichos? —soltó Nadia.

El clan seguía sin disponer de toda la comida que necesitaba. Nadia era consciente de que esto suponía un problema cotidiano, pero también una oportunidad, quizá de las mejores que podían presentarse, de ofrecer una ayuda inmediata y demostrar con ello que era posible hacer algo muy diferente y eficaz.

Nicholas asentía visiblemente con la cabeza y lanzaba miradas de ánimo a su hermana.

Nadia explicó cómo poner en funcionamiento la granja de bichos. Algunos suricatas estaban confusos y otros atónitos, sin embargo unos cuantos se dieron cuenta de que aquella prometía ser una idea maravillosa.

Un par de Betas hicieron varias preguntas y entonces se inició un debate. Cuando la conversación comenzó a tomar un mal derrotero, Nadia emuló a Lena y dijo:

—Todos queremos demasiado a nuestros compañeros para volver a ponerlos en riesgo de morir de hambre. —Se irguió de un modo muy parecido al de Lena—. No tenemos por qué construir una granja completa, ni tan solo nada que sea perfecto. Solo algo que nos permita darnos cuenta de las verdaderas oportunidades que hay detrás de esta idea. —Su cara resplandecía con una profunda compasión y convicción—. Podemos pensar en ello y hacerlo realidad si un grupo suficiente de suricatas estamos dispuestos a darle una oportunidad. —Y señalando a los Alfas y a los Betas, añadió muy respetuosamente—: Pero vosotros tenéis que ser los primeros en hacerlo.

Un Beta dijo con firmeza:

—Estamos demasiado ocupados para dejar que varios suricatas se pongan a construir la granja esa.

Nadia asintió con la cabeza.

—Bien. No se trata de crear un grupo de granjeros que reste recursos al clan. Veamos si podemos encontrar a unos cuantos voluntarios dispuestos a seguir haciendo su trabajo habitual y, aparte, a poner en práctica la idea de la granja.

El Beta puso los ojos en blanco, mientras pensaba «Seamos realistas, ¡¿quién va a querer hacer algo así?!». No obstante, lo que dijo en voz alta fue:

—Aunque tengas razón, tus voluntarios trabajarán tantas horas que llegará un momento en que caerán agotados y lo dejarán. En consecuencia, tu proyecto fracasará y encima no podrán desempeñar bien su trabajo habitual.

—Lo que vi en el clan de Lena fue que cuando los suricatas se cansaban o estaban demasiado ocupados en otra parte, abandonaban antes de acabar completamente agotados. Pero al final siempre aparecían otros voluntarios que ocupaban su lugar. Nadie, ni siquiera Lena o un Beta, presionaba a estos suricatas y continuaban con su trabajo adicional hasta que este se terminaba. Creo que eso era lo más positivo —replicó Nadia sin vacilar.

Otro Beta se sumó a la conversación de inmediato y la ametralló a preguntas: «¿Y qué pasa con esto, con aquello y con lo de más allá?». A Nicholas le hubiera gustado acercarse a cada uno de los jefes y darles una colleja. Pero sabía que eso no sería de gran ayuda.

Una ayuda que Nadia, por otra parte, no necesitaba. Sabía que tenía razón, y se notaba. Recorrió la multitud con la mirada y habló:

—No digo que no vayamos a encontrarnos con algunos problemas, pero sé que si somos suficientes los que creemos que construir un clan mejor es posible, más fuerte y más seguro, que vuelva a prosperar y a crecer, comenzaremos a conseguirlo a pesar de… bueno, a pesar de lo que sea que pase.

La multitud la miraba. Se podría haber oído caer una hoja del árbol de la comunidad. Una joven suricata nunca se comportaba así delante de los jefes. Esta no era la Nadia que conocían hasta hacía muy poco tiempo. Había cambiado.

Era evidente que ni Mara ni la mayoría de los Betas estaban convencidos. Pero Moro se irguió cuan largo era y dijo con firmeza:

—Creo que Nadia tiene razón y que estamos ante una oportunidad factible. Tenemos una responsabilidad con respecto al futuro del clan y a nuestras crías. Y si ello requiere ajustes en nuestra manera de trabajar, aunque impliquen grandes cambios, nos corresponde adoptar las medidas oportunas. —Hizo una pausa, miró a toda la multitud y continuó—: ¿Es fácil cuestionar una nueva idea? ¿Sobre todo si es muy diferente? —Y tras detenerse un momento añadió—: Pues claro que lo es. —Su rostro volvió a mirar directamente a Mara y a los Betas—: ¿Unas circunstancias distintas no deberían requerir unas ideas diferentes, incluso muy dispares? —Y tras un breve intervalo concluyó su razonamiento—: La única respuesta sensata es que sí.

Había pocos puntos en común entre Moro y Lena, porque sus personalidades eran muy distintas, pero ambos poseían la misma determinación en la voz, fuerte y profunda, cuando se dirigían al resto del clan.

Después de que Moro adoptara una postura, de que Nicholas y otro Beta asintieran con energía, y de que todo el clan estuviera observando la escena, los demás jefes se mostraron de acuerdo al final en darle la oportunidad de probar algo distinto, o al menos en que no debían impedirlo.

Con una sonrisa sorprendentemente esperanzadora, aunque un tanto suspicaz, Moro anunció:

—¿Quién quiere cooperar en la granja de bichos?

Los primeros en alzar la mano fueron Nicholas y el Jefe de Familia que había sido profesor de Nadia. Y lo mismo hicieron una decena de suricatas que se habían acercado a primera fila sin hacer ruido para escuchar la conversación.

Moro estaba un poco sorprendido, pero parecía encantado.

—Bien. —Y de una manera poco tradicional señaló—: Si necesitáis algo solo tenéis que decírmelo.

Y dio por terminada la discusión.

Urgencia, liderazgo, voluntariado y logros

Nicholas fue a ver a Nadia a primera hora de la mañana siguiente.

—¿Qué hacemos ahora? —le preguntó.

—No irás a cargar todo esto sobre mis espaldas, ¿verdad? —respondió ella negando con la cabeza.

—No —dijo Nicholas, que parecía estar un poco a la defensiva—. No era mi intención. —Hizo una pausa y siguió hablando—: Vale, tal vez sí. Pero ahora entiendo lo que quieres decir: ¿Cómo puedo echar una mano?

—Haz correr la voz de que estás emocionado con la oportunidad de reducir el problema del hambre y mejorar la seguridad del clan. Que se sobreentienda que Moro respalda el proyecto. Y di que aquellos que quieran unirse como voluntarios para trabajar en la granja de bichos deben estar a mediodía bajo el árbol de la comunidad. Yo haré lo mismo.

Nicholas asintió con la cabeza y entonces Nadia le preguntó:

—Estoy encantada con el comportamiento de Moro, pero ¿por qué crees que se muestra tan comprensivo?

Nicholas también había estado reflexionando acerca de aquel asunto.

—Se preocupa muchísimo por el clan y no está nada contento con todo lo que ha sucedido. Sin embargo, supongo que también podría decirse lo mismo de Mara. —Nicholas ladeó la cabeza y, ahora, se puso a reflexionar más en serio—. La única respuesta que se me ocurre, y no es una gran respuesta, es que Moro parece que instintivamente se da cuenta de que hay algo en tu idea que está bien. Pero no estoy seguro. De todos modos, hagamos correr la voz.

Y eso hicieron. A mediodía se presentaron diecisiete suricatas, todos ellos embargados por una gran curiosidad y con unas ganas locas de llevar a la práctica la idea de una granja de bichos o, en algunos casos, cualquier cosa que fuera novedosa. Nadia preguntó quién quería dirigir el proyecto, para facilitar una discusión productiva. Esto, por supuesto, confundió a la mayoría de los voluntarios de su clan natal, que daban por sentado que el más veterano de los dos Betas presentes en la sesión asumiría el mando. Pero Nadia les contó la historia de Tamu, y Ayo ayudó al grupo a disipar la confusión, a designar un mediador y a ponerse en marcha.

Cada día tropezaban con lo que parecía un nuevo obstáculo. Los Betas encargados de las madrigueras prácticamente ordenaron a dos de sus suricatas, que participaban con mucha energía con el grupo de la granja, que dejaran de trabajar en ella y se dedicaran de manera exclusiva a su labor habitual en las madrigueras. Abandonaron el grupo pero, tal como Nadia había pronosticado de algún modo, dos nuevos voluntarios ocuparon sus puestos. De vez en cuando algunos suricatas se iban del grupo, pero ninguno acabó exhausto tal como habían predicho algunos Betas.

Mara siguió actuando de una forma que insinuaba que quizá nunca apoyaría el proyecto. Aun así, de cierta manera y entre bambalinas, Moro siguió impidiendo que esta detuviera la construcción de la granja. Sin embargo, cuando un clan vecino invadió y cazó más de una vez en el territorio de Moro y de

Mara, esta última reunió a los suricatas y propuso recortar efectivos del grupo de la granja en un momento en que esta necesitaba mucha atención. No obstante, tal como Nadia había predicho, algunos voluntarios se negaron a que el proyecto de la granja se retrasara y trabajaron casi sin dormir.

La energía de algunos voluntarios era increíble. Llevaban a cabo sus trabajos habituales y luego dedicaban cada minuto de su tiempo libre a la granja. Nadia y Nicholas eran incansables. Otro Beta, por alguna razón, empezó a comportarse como Nicholas. Y Moro, con su estilo tranquilo, ciertamente muy discreto y poco carismático, siempre encontraba un hueco en su apretada agenda para visitar a diario a los granjeros de bichos, aunque solo fuera unos minutos. Una sonrisa aquí o una palmadita en la espalda allá tenían un efecto asombroso. Y las historias sobre las visitas de Moro se propagaron por todo el clan a la velocidad del viento más potente del Kalahari.

Cuando el proyecto empezó a dar sus primeros frutos, los voluntarios invitaron a los Alfas, a los Betas y al resto del clan a visitar lo que empezaba a producirse a una velocidad inusual. Aquel era otro acto sin precedentes, ya que los suricatas normales y corrientes no invitaban a los jefes a nada. Pero muchos de estos acudieron, entre ellos Moro, que llegó antes de la hora acordada.

La granja, a pesar de estar en su etapa inicial y más elemental, dejó asombrados a un buen número de suricatas e hizo que muchos otros se mostraran más inclinados a querer escuchar de boca de Nadia y de Ayo qué otras cosas habían aprendido durante el tiempo que habían pasado lejos del clan. Así, las conversaciones sobre la oportunidad de hacer algo significativo en pro de la comunidad fueron creciendo; sobre todo cuando Moro y unos cuantos Betas empezaron a referirse de manera regular a su «gran oportunidad». La visible autocomplacencia (los actos de aquellos que sentían «que ya estaban bien tal como estaban») disminuía prácticamente a diario. También parecían calmarse las ansiedades y los miedos que no conllevaban ninguna consecuencia práctica, a la vez que crecía la sensación de que era urgente hacer algo nuevo.

—Y ahora ¿qué? —preguntó Nicholas a su hermana.

Nadia pensó.

—Ojalá estuviera aquí Lena.

Nicholas le lanzó una mirada severa y dijo:

—Pero no lo está. Te repito: y ahora ¿qué?

—Tal vez podamos crear un círculo de líderes voluntarios, como tenía Lena, para ayudarnos a conducir a la gente. El centro de su diagrama de círculos. Creo que ahora contamos con el suficiente interés y energía, y que será posible formar uno.

Y, sin duda, así fue. Un grupo principal de una decena de suricatas comenzó a reunirse de manera regular con Nadia y Nicholas. Cuando Mara oyó hablar de él quiso detener esa actividad no autorizada, pero Moro se impuso. Con media decena de entusiastas suricatas, Ayo lideró la tarea de buscar un modo de que todo el clan aplicara la nueva forma de hacer guardia. Y aunque de nuevo era más fácil decirlo que hacerlo, Ayo y su equipo fueron tenaces. Un anciano suricata del que todo el mundo daba por hecho que ya no era capaz de aportar gran cosa se ofreció voluntario para liderar una iniciativa relativa a las tormentas de arena. Y lo hizo de manera increíble, con una pasión y una inteligencia renovadas. La credibilidad, el ímpetu y la urgencia siguieron creciendo a medida que los miembros del círculo de líderes voluntarios explicaban sus iniciativas y su éxito inicial a amigos y a los grupos familiares.

En la quinta reunión del círculo de líderes, un suricata llamado Pano apareció con un trozo de piel de animal rellena de paja. Le había dado forma para que tuviera brazos, piernas, una cabeza y ojos, y era... bueno, una monada.

Todos se quedaron mirando aquel objeto.

—¿De dónde has sacado eso? —preguntó uno de los suricatas.

—Lo ha hecho mi hermana —explicó Pano—. No sé cómo. Pero me ha dicho algo muy interesante: si se les da a los más pequeños para que lo abracen cuando se hacen daño o están enfermos, parecen recuperarse más rápido y con menos necesidad de que otros miembros de nuestro grupo familiar dediquen su tiempo a vigilarlos, a alimentarlos y a todo aquello que normalmente hacemos por los enfermos. Dice que ha comprobado muchas veces que esto funciona.

Todos miraron a aquel animal como de peluche. Entonces alguien preguntó:

—Pero si eso es cierto, ¿por qué no lo sabíamos todos?

Pano se encogió de hombros.

—¡Qué emocionante! Me gustaría hablar con tu hermana y probar a hacer algo a mayor escala si encuentro a más gente que quiera ayudar. ¿Vale? —propuso alguien.

El círculo de líderes discutió aquella idea estrafalaria. No todo el mundo creyó desde el principio que funcionaría, pero una de las enseñanzas que había aprendido este grupo era que no era necesario que todos estuvieran de acuerdo en todo. Si alguien encontraba la ayuda suficiente para poner una idea en práctica, probablemente esta era prometedora. O al menos merecía la pena probarla.

El suricata que había pedido dirigir el grupo de curación no tuvo ningún problema en encontrar compañeros dispuestos a sacar el proyecto adelante. En una semana, este equipo había averiguado cómo hacer seis animales rellenos más, ninguno de ellos perfecto o igual a otro, pero todos ellos adorables y bonitos. Y al cabo de dos semanas, probaron con discreción el efecto de estas criaturas tan «abrazables» en cuatro jóvenes suricatas enfermos y en otros cuatro heridos. En todos los casos, las crías abrazaron las nuevas creaciones día y noche. Y, menos en un caso, ¡parecieron recuperarse más rápido y sin cuidados prolongados por parte de un adulto! ¡El equipo celebró su éxito!

Al principio, solo unos cuantos Betas creían tener la experiencia y el conocimiento necesarios para concebir nuevas iniciativas interesantes. Pero descubrieron, tras muchos años de «seguir las normas y los procedimientos», de «haz lo que se te dice» y «aquí ha-

cemos las cosas así», que muchas ideas y energías creativas procedían de lugares impredecibles y de conjuncio-
nes poco habituales de suricatas que no trabajaban juntos en el marco de su empleo habitual. Con el tiempo y,
como es lógico, a pesar de algunos altibajos, los nuevos
grupos aprendieron a trabajar bien juntos y de una nueva forma. Tuvieron ideas que a un suricata solo o a los
grupos de costumbre no se les habrían ocurrido. También encontraron formas fascinantes de superar obs-

táculos, afrontar las resistencias normales al cambio y hacer realidad las nuevas ideas.

Muchos de los nuevos éxitos parecían pequeños o relativamente fáciles de alcanzar. Pero lo pequeño suma y se va volviendo cada vez más grande. Y aunque iban despacio y había más conflictos de los que Nadia hubiera deseado, la nueva forma de funcionar fue ganando terreno poco a poco.

El círculo de líderes se reunía de manera semanal para comunicar, guiar, inspirar y celebrar los éxitos. Los dos suricatas de mayor rango del grupo, Nicholas y un Jefe de Familia, comenzaron a reunirse de forma habitual con Moro, Mara y los Betas para hablar sobre las iniciativas en las que se estaba trabajando. Esto hizo que Mara y otros dos Betas, a los que todavía les preocupaba que se debilitaran el orden y la disciplina, se sintieran algo más cómodos. Y Moro parecía consolidarse poco a poco en cada reunión, no solo asegurándose de que estas sesiones fueran productivas, sino también en su papel de líder en general.

Moro y unos cuantos Betas también empezaron a utilizar lo que aprendían en las reuniones fuera de ellas. Así, comenzaron a prestar mayor atención a las acciones voluntarias y al liderazgo de varios suricatas que no ocupaban puestos de mando oficiales. A veces incluso se dirigían a un joven y le decían lo orgullosos que estaban de algún éxito, aunque fuera nimio, en el que este hubiera colaborado. Cuando comprobaron el efecto que tenía, se preguntaron: «¿Por qué no lo hemos hecho siempre así?».

A excepción de justo después de formarse, cuando aún era pequeño, en el clan nunca se había visto tanto entusiasmo, energía y liderazgo en un abanico de temas tan dispares por parte de tantos suricatas diferentes. Doblaron los esfuerzos para mejorar sus vidas y la del clan, sin importar qué nuevas circunstancias tendrían que afrontar, ya fuera el clima, los depredadores o cualquier otra adversidad. A la vez, el miedo a que la disciplina, los procedimientos inteligentes y el resto de los elementos de gestión fracasaran inevitablemente o entraran en un conflicto constante con las nuevas actividades resultó haber sido exagerado. Muy al contrario, la eliminación del estrés y las tensiones que sufrían los jefes (la jerarquía, los métodos y las demás piezas que componían la manera tradicional de dirigir el clan) logró que estos mejoraran todo el trabajo relativo a la vigilancia, la alimentación del clan y la construcción de madrigueras; de idéntico modo, la gestión de las familias funcionaba a la perfección todos los días. Incluso algunos Betas y suricatas que se encontraban exhaustos dejaron de estarlo y comenzaron a sentirse más felices con su vida.

Decenas de suricatas que jamás habían pensado que podían ser líderes se estaban convirtiendo, de hecho, precisamente en eso, tanto a pequeña como a gran escala. En su mayoría, estaban encantados y, de nuevo, por motivos que a menudo les resultaban difíciles de explicar. Tenían la sensación de que su vida era más interesante y emocionante. Y para no pocos de ellos, tanto jóvenes como viejos, la vida empezó a tener sentido; incluso es probable que también el propio Moro lo sintiera.

La granja siguió creciendo. Su éxito ayudó a mantener la autocomplacencia a raya y dio paso a una fuerte convicción de que tenían que buscar nuevas oportunidades. Y como la granja ya se había puesto en marcha en el grupo de Lena, los voluntarios necesitaron muy poco tiempo para encontrar políticas y procedimientos que permitieran su correcto funcionamiento. Al convertirse en parte fundamental de la alimentación del que ya era un clan creciente, unos cinco meses más tarde, se pidió a los voluntarios que la cedieran a un Beta recién nombrado, que a partir de ahora estaría oficialmente al mando, con objeto de que la gestionara con sus propios equipo, planes, normas, medidas y procedimientos. Los parámetros mostraron que la granja producía el 25 por ciento del alimento del clan con solo siete suricatas centrados en esta tarea.

El trabajo con los animales de peluche se convirtió en una iniciativa de curación reconocida formalmente que congregó a los que se preocupaban sobre todo de los heridos y enfermos. Con el tiempo, descubrieron que cuidar de estos requería de un talento único y especial, respaldado por todo tipo de «ciencia suricata». Así, los Alfas decidieron crear un nuevo puesto de trabajo, los cuidadores, y designar a un Jefe de Cuidadores, que trabajaba dentro de uno de los grupos familiares pero que servía a todo el clan. Cuando Nicholas informó de esta decisión a Nadia, esta se mostró encantada.

—Ayudará mucho tanto a los enfermos como a los heridos. Y es una prueba de que la idea de fusionar las dos formas de gestión, la del clan de Lena y la del nuestro, no es una expectativa idealista que se ajuste poco a la realidad. —Nadia estaba resplandeciente.

Nicholas asintió con la cabeza. Miró a lo lejos, mientras era obvio que pensaba en algo.

—¿Qué pasa? —preguntó Nadia.

—Nunca había imaginado que los Alfas, y mucho

menos los Betas, aceptarían todas estas nuevas actividades.

—¿Y por qué lo han hecho?

—No estoy muy seguro —fue la respuesta de Nicholas—. Casi con seguridad, la evidencia de que esta gran idea no es, como tú dices, «una tontería idealista» y de que ha sido muy beneficiosa para el clan. Tus historias sobre el tiempo que pasaste lejos de aquí fueron realmente muy instructivas y también han contribuido al éxito. La emoción… La pasión ha sido como una buena enfermedad y se ha contagiado de un suricata a otro. Creo que nosotros, los Betas, tenemos ahora menos miedo a perder el control, a no ser capaces de desarrollar alguna propuesta nueva. —Hizo otra pausa—. Y Moro dio un paso al frente y se puso de nuestro lado. Siempre lo he respetado, pero lo que está haciendo ahora…

A Nadia casi le entra la risa.

—¿Has dicho «Betas» y «miedo»? Pero si siempre os comportáis como si no tuvierais miedo de nada.

Nicholas sonrió muy levemente.

—Sí, pero eso forma parte de nuestro trabajo. Se espera que actuemos siempre sin temor.

Después de que la población del clan disminuyera hasta ciento diez miembros durante la crisis, el grupo

alcanzó los doscientos suricatas un año después y seguía creciendo, tanto en la innovación de cara al futuro como en el funcionamiento del día a día. Si bien solo algunos de los aventureros que se habían unido al clan tenían alguna base real para, por lo menos, especular sobre ello, unos cuantos supusieron correctamente por su experiencia como viajeros que no había ningún otro clan parecido, que unía la gestión típica de los suricatas y un tipo de liderazgo como el de Lena, en todo el mundo suricata. Eran unos pioneros.

Aunque nunca se habló de ello de manera oficial, toda la comunidad daba por hecho que la siguiente pareja de Alfas sería o Nadia y Nicholas, o Nadia y el nuevo Jefe de las Madrigueras: Ayo. En privado a Nadia le encantaba aquella idea, no por el estatus que le otorgaría (bueno, puede que también un poco por ello), sino por el enorme privilegio de poder participar en construir un gran clan.

Cuando comenzó a correr la voz sobre este clan, como ocurrió de forma inevitable gracias a la labor de los aventureros, se sucedieron las reacciones: primero de incredulidad, luego de envidia sana y al final de creciente admiración. Y esta última no dejó de aumentar a medida que el clan continuaba creciendo y lidiando con el hábitat del Kalahari, que no dejaba de plantearles nuevos desafíos.

Era algo que valía mucho la pena de ver.

Fin.

(Bueno, casi.)

Algunas ideas sobre el auge
y la caída
(y el resurgimiento) de las organizaciones

A menos que, sencillamente, no te gusten las fábulas para adultos (en cuyo caso, debemos decir que estamos muy impresionados de que hayas tenido la disciplina de pasar de la página 16), seguro que mientras leías la historia de los suricatas esta te ha recordado a algunas de tus experiencias pasadas; o has pensado en qué enseñanzas puedes extraer para ti, tu empresa o tu escuela; o en lo que podrías hacer para utilizarlas como una herramienta a fin de modificar tus planes o conseguir que otras personas se enfrasquen en conversaciones interesantes sobre cómo alcanzar los resultados que tu equipo desea tan fervientemente y tu organización necesita muchísimo; e incluso es muy probable que también hayas reflexionado acerca de muchas cuestiones prácticas, sobre todo si nunca has visto triunfar nada parecido. Si ya se te han ocurrido suficientes ideas, o tan solo quieres reflexionar un rato, puede que ya hayas terminado el libro. Olvídate del resto. Ponte a pensar. Y luego actúa en consecuencia. Pero si tienes más preguntas que respuestas, quieres algunas soluciones y te gustan los negocios tradicionales o los libros profesionales, deberías seguir leyendo.

Las opiniones de nuestros primeros lectores nos han revelado que esta fábula puede provocar la reflexión sobre una extensa gama de áreas. Entre otras, por nombrar solo unas cuantas: la adaptación a un entorno cambiante; los desafíos del crecimiento con las complejidades que acompañan al aumento de tamaño; el trabajo en equipo con personas de distintas procedencias o generaciones; la creación de un clima de apertura a ideas innovadoras; la transformación en una organización en continuo aprendizaje; el hecho de enfrentarse a las adversidades, y la formación en el liderazgo, así como la diferencia entre este y la gestión. No obstante, en conclusión, nos gustaría dirigir tu atención hacia algunos puntos que creemos especialmente importantes para ofrecer una guía, tanto a ti como a los demás, a través de un mundo complejo que cambia a una gran y creciente velocidad y con un mayor número de perturbaciones en nuestro entorno, ya sea en los negocios, en el espacio público o en los núcleos familiares. He aquí algunos elementos que estamos convencidos de que hoy en día son esenciales para comprender el auge, la caída y la posibilidad de volver a crecer.

Liderazgo y gestión

La más importante de las diversas cuestiones que trataremos tiene que ver con la naturaleza de lo que llamamos *«gestión»* y *«liderazgo»*, y de aquello que estos pueden aportar cuando se desarrollan de forma correcta.

Si hablas con muchas personas, observarás, al igual que nosotros, que responden de manera muy diferente, a veces contradictoria, a preguntas sobre la gestión y el liderazgo. Ambas palabras suelen emplearse de modo indistinto, como si vinieran a significar más o menos lo mismo. Pero no es así.

Gestionar y liderar son cosas muy diferentes en lo que respecta a hechos, procedimientos y maneras de funcionar. Una visión auténtica y convincente que nos ayude a comprender la dirección en la que debemos encaminarnos y ocupe una sola página en total está lejos de ser un minucioso y ponderado plan operativo de un centenar de folios (o de medio millar). Un proceso de inclusión y comunicación cuidadosamente concebido que contribuya a constituir un grupo apasionado y motivado, deseoso de formar parte del proyecto y comprometido a actuar según unas coordenadas determinadas es muy diferente de un plan de ejecución con presupuestos, organigramas y descripciones de tareas que haga hincapié en el «conjunto de habilidades» necesarias para desarrollar de manera correcta el trabajo. Inspirar y animar a la gente, conmover sus corazones y mentes, y crear energía para superar obstáculos que provoquen frustración es algo muy distinto a medir resultados y recompensar o castigar a la plantilla a partir de estas mediciones.

Gestión	Liderazgo
• Planificación • Elaboración de presupuestos • Organización • Personal • Medición • Resolución de problemas • Hacer lo que sabemos hacer excepcionalmente bien para producir siempre resultados fiables y eficaces	• Establecimiento de la dirección • Alineación de las personas • Motivación • Inspiración • Movilización de las personas para que vean oportunidades, superen obstáculos y den un salto hacia un futuro próspero de manera rápida, ágil e innovadora

A menudo también se nos dice que el liderazgo está vinculado por completo con el nivel jerárquico: liderazgo es lo que hacen los Alfas, y gestión, lo que hacen los Betas. Sin embargo, ¿no es verdad que hoy en día los «Hermanos y Hermanas Mayores», que se encuentran mucho más abajo que los Betas en jerarquía, proporcionan a veces un liderazgo fantástico en sus respectivas áreas, en beneficio de todos? Y al contrario, ¿acaso no conocemos todos en la vida real ejemplos de Alfas de los que nadie cree que aporten demasiado liderazgo? Análogamente, ¿cuántas veces se nos ha dicho que el liderazgo es algo que ejercen figuras extraordinarias? Aunque sepamos que eso no es del todo cierto, ¿qué efecto crees que tiene sobre nosotros cuando se nos repiten mensajes de este tipo muchas veces año tras año?

Asimismo, al menos en estas últimas décadas, hay muchas personas que sostienen que el liderazgo es esencial y cada vez más necesario, por lo que debería sustituir a la gestión, que es poco ágil y burocrática en exceso, que por naturaleza es un mecanismo de control y mando. Pero ¿qué sucede con el tamaño y la complejidad si falta la gestión, como ocurrió en el clan de Lena?

La gestión y el liderazgo cumplen funciones diferentes: la primera puede conseguir que el trabajo cotidiano se haga bien, de forma fiable y eficiente, incluso en sistemas excepcionalmente grandes y complejos; el segundo, pese a los obstáculos, puede estimularnos a innovar con rapidez y a impulsarnos, a pesar de los problemas que generan los cambios, hacia un futuro próspero plagado de oportunidades. Gestión y liderazgo no son dos maneras de alcanzar el mismo fin. Tienen finalidades distintas, pero ambos son fundamentales en organizaciones complejas que operan en entornos cambiantes.

En una gran organización que actúe en un mundo protegido con escasos cambios, una buena gestión es muy importante; y, en cierto sentido, suficiente. Por el contrario, en una pequeña organización, en que la posible apertura de un nuevo nicho de mercado en un mundo en el que los desafíos y las oportunidades del mañana pueden cambiar muchísimo en cualquier momento, el liderazgo es una cuestión fundamental. En cualquier otro lugar, algo que en la actualidad incluye a decenas o cientos de miles de organizaciones de nuestro planeta, ambos elementos son igual de relevantes: ya sea por su tamaño o complejidad (lo que exige una buena gestión), ya sea porque no se pueden ignorar la tecnología y otras fuerzas que gestan el cambio (lo que exige liderazgo).

Gestión y liderazgo no son incompatibles, aunque a veces pueda parecerlo. No se trata de tener una «u» otro, porque son muy diferentes: la gestión hace hincapié en el control de una gran cantidad de personas, por ejemplo; mientras que el liderazgo proporciona un razonable y alto grado de libertad y elección a personas que pueden proceder de cualquier parte del grupo anterior. En una organización de cierta entidad, en un mundo que se mueve con velocidad y perturbaciones, ¿no exige el éxito un «y también»? Sin un «y también», ¿no caeremos de forma inevitable, al menos hasta cierto punto, en los fallos del clan original de Nicholas y Nadia, o en los del grupo de Lena?

Y ¿por qué no puede haber un «y también»? ¿Por qué no disponer controles en una estructura jerárquica, que conduzcan a un plan que aúne un trabajo cotidiano excepcionalmente bueno y un considerable grado de libertad dentro de una estructura de redes guiada por una visión direccional que ayude a la gente a innovar y que contribuya a eliminar obstáculos, a reducir frustraciones y a mover a todo el mundo hacia el futuro lo más rápido que se pueda? Dado que la necesidad aguza el ingenio, sospechamos que aprenderemos mucho más sobre todo lo anterior a lo largo de las próximas décadas.

He aquí otro gráfico que puede poner en perspectiva estos complejos acontecimientos, conductas y estructuras.

Este sencillo cuadro merece un examen detenido.

En un principio, casi todas las organizaciones tienden a surgir de la nada y operan en el cuadrante superior izquierdo. Aquellas que alzan el vuelo suelen moverse la mayor parte del tiempo en el superior derecho, aunque sea durante un tiempo breve, a medida que se hacen cada vez más grandes. Evitan la mentalidad que inhibe los cambios, el «sabemos cómo hacerlo, nuestro éxito es prueba de ello». Sin embargo, los mismos elementos que suman para hacer frente al aumento de tamaño, los sistemas, estructuras y políticas, acaban con demasiada facilidad con métodos como los de Lena, que producen velocidad, agilidad e innovación. Posteriormente, las organizaciones caen en el cuadrante inferior derecho. Aquellas que no tienen que bregar con fuertes presiones competitivas a menudo se solidifican ahí abajo y se vuelven complacientes, rígidas, lentas, ni siquiera un poquito ágiles en lo estratégico. Cuando las organizaciones se ven afectadas por fuertes y repentinas perturbaciones en sus mundos, en ocasiones la misma red puede moverse hacia la derecha y ubicarse en el cuadrante inferior izquierdo, en una posición de vulnerabilidad frente a los acontecimientos venideros que puede condenarlas al fracaso.

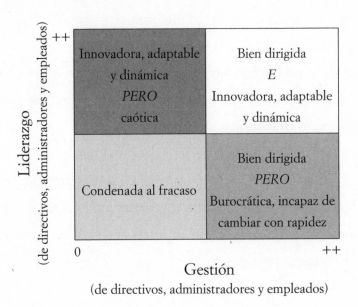

Hoy en día la mayoría de las organizaciones consolidadas parecen estar en algún punto del cuadrante inferior derecho. Pueden funcionar bien en ciertas dimensiones en un mundo más lento. Sin embargo, esta clase de hábitat está desapareciendo no solo para nuestros amigos los suricatas, sino también para cada vez más de los nuestros por todo el mundo.

¿Es la solución a este problema retornar al cuadrante superior izquierdo, determinado por el liderazgo, el dinamismo, la escasez de normas, la ausencia de jefes y un entorno de trabajo que tienda a la innovación? Para mucha gente, esta puede ser una idea tentadora. Pero, a menos que seas muy pequeño, ¿no se trata de una idea un tanto ingenua? La solución es volver a resurgir con una estructura y unos procedimientos del tipo «liderazgo más gestión», representados en el cuadrante superior derecho, donde no restas gestión, sino que sumas mucho liderazgo.

Otra solución es combatir las presiones para no salir nunca del cuadrante superior izquierdo. Esto es algo comprensible, sobre todo si eres un excelente emprendedor. Pero ¿por qué el resultado no será siempre el escenario de Lena?

Crear una organización que contenga lo mejor de ambos mundos

Estamos aprendiendo lo que significa moverse hacia el cuadrante superior derecho de nuestro cuadro sobre gestión y liderazgo y permanecer allí. Mucha gente intenta hacer esto de manera intuitiva. En las organizaciones consolidadas se utiliza la formación sobre liderazgo en grupos mucho mayores que antes y se intenta asegurarse de que este adiestramiento verse sobre liderazgo, y no solo acerca de gestión. Asimismo, se incorporan nuevos grupos que funcionan en red (más allá de los tradicionales equipos de trabajo interdepartamentales) y proporcionan un mayor brío y creatividad a los sistemas de gestión. Se intenta que los trabajadores se involucren más que en el pasado. Se habla más sobre liderazgo y se procura de forma explícita que las personas crezcan como líderes. En el momento en que escribimos esto, no sabemos cuál puede ser el modo ideal de desplazarse al cuadrante superior derecho del recuadro si eres una organización consolidada que opere en algún lugar del cuadrante inferior derecho. Pero sí sabemos una manera que puede funcionar, la misma que adoptaron nuestros amigos suricatas.

El proceso está representado en el gráfico de la página siguiente. Muestra el tipo de estructura dual que Nadia dibujó en la arena, un modelo organizativo que aúna un elevado grado compartido de gestión y liderazgo. Su implementación puede ayudar a las organizaciones que se encuentren más allá de la fase inicial a actuar con eficacia y fiabilidad a la hora de satisfacer las exigencias contemporáneas más inmediatas, sea cual sea su tamaño y complejidad, así como a enfrentarse a un mundo en rápida evolución con todas sus exigencias de celeridad, agilidad e innovación.

Un sistema dual también proporciona considerables beneficios adicionales sobre los cuales todavía seguimos aprendiendo cosas. Por ejemplo, en la actual guerra para fichar a los profesionales de mayor talento, este sistema puede atraer y retener a jóvenes excepcionales que están encantados de poder asumir más funciones (y de mayor peso) cuanto antes en el curso de sus carreras.

Funciona del siguiente modo:

1. El proceso se pone en marcha con la creación de una acentuada sensación de urgencia entre un gran número de personas en torno a una evidente gran oportunidad u oportunidades. En consecuencia, desciende la complacencia y se reducen las falsas sensaciones de urgencia que provoca la ansiedad. Aumentan la pasión, el entusiasmo y el vínculo emocional. Nadia y Nicholas consiguieron esto con la ayuda de un grupo de suricatas en constante crecimiento, sobre todo de Moro, y mediante la incesante comunicación de grandes oportunidades, la educación, la pasión y las pruebas reales de que era viable perseguir nuevas posibilidades. Es lo mismo que nos hemos encontrado en las organizaciones reales.

2. Con verdadera urgencia ante una gran oportunidad, se construye un grupo muy diverso que abarque varios compartimentos y diferentes niveles, gente con tantas ganas de proporcionar orientación y coordinar liderazgos en un nuevo sistema en red que básicamente esté dispuesta a realizar dos trabajos: su tarea habitual en una jerarquía además de un segundo trabajo en la red de liderazgo e innovación. De nuevo, debes pensar en una start-up, con ingenieros y comerciales, jóve-

nes y mayores trabajando juntos, discutiendo y moviéndose a una velocidad incomprensible para una gran burocracia. En el mundo real todos hemos visto a gente parecida a Moro seleccionando a este grupo o ratificando la elección del mismo por parte de otra persona, normalmente procedente de un grupo más grande de voluntarios que están encantadísimos de asumir este nuevo «trabajo nocturno».

3. Este grupo, una especie de coalición orientadora, procede después como todas las unidades empresariales en su fase inicial. Elabora iniciativas que la orientan hacia una visión que aprovecha las oportunidades. Escucha a voces procedentes de todas partes, también a Alfas y a Betas, antes de elegir iniciativas, y rara vez desestima alguna si puede convencer a los Moro del mundo de que una idea tiene valor potencial.

4. Existe una comunicación constante con respecto a las iniciativas, de modo que, con una acentuada sensación de urgencia, consigue alistar a los suficientes voluntarios para sacar el trabajo adelante. Por ejemplo, resulta increíble lo que un 5 por ciento de personas de una organización con cinco mil empleados pueden lograr en unos meses si se esta-

blecen las condiciones adecuadas. Lo hemos visto una y otra vez.

5. A menudo gran parte de los logros de la gente no tiene tanto que ver con inventar ideas completamente nuevas como con encontrar algunas ya establecidas pero invisibles para otras personas (como el muñeco de los suricatas, que condujo a la iniciativa de curación) o con tomar ideas que resultan difíciles de implementar y derribar las barreras para poder ejecutarlas.

6. Los éxitos (logrados, comunicados y celebrados) producen cambios y dan impulso. Hemos descubierto que, en general, cuantos más «triunfos» haya, aunque sean pequeños, y cuanto antes lleguen y se comuniquen y se celebren de la manera más eficaz posible, mejor.

7. Después de unos logros suficientes, la atención debe centrarse en no permitir que la sensación de urgencia baje de intensidad. Para ello, nada mejor que seleccionar de manera estratégica nuevas iniciativas de importancia y mantener en marcha todos los procesos.

8. Al final, llega un momento en el que los grandes logros se institucionalizan en la estructura jerárquica, como la granja de bichos de los suricatas, que se

convirtió en un nuevo departamento de cultivo con un jefe y personal a su cargo. Si hay resultados reales, los voluntarios querrán ceder sus puestos a otras personas y los Alfas desearán mantenerlos en la jerarquía para asegurar su fiabilidad y eficacia.

Gran parte de todo esto lo descubrió uno de nosotros dos (Kotter) hace años. No obstante, en la actualidad, en un mundo cada vez más rápido, el método básico ha crecido y evolucionado de tres maneras especialmente relevantes. En primer lugar, ya no es un conjunto de procedimientos que sacas del archivador una vez cada cinco, diez o quince años. En un mundo que cambia de manera constante y cada vez más rápido, los procedimientos, una vez activados, tienen que funcionar de forma continua. En segundo lugar, el modelo necesita mucha más gente comprometida que antes, no solo para cooperar en la implementación de las directrices generales marcadas por los altos ejecutivos, sino también para generar ideas, lidiar con todas las trabas institucionales y de actitud contrarias al cambio y motivar a grandes grupos para actuar de forma diferente; en otras palabras, ayudar a liderar. Por último, en tercer lugar, para hacer viables los dos primeros puntos, se requiere un segundo componente que trabaje estrechamente con una jerarquía gestionada a la manera tradicional, algo que se parezca más a una start-up exitosa. En este sentido, estos procedimientos descritos más arriba consiguen justo esto a pesar de que las organizaciones experimentadas suelan tender a eliminar o a marginar cualquier cosa que huela a una estructura empresarial más igualitaria, flexible, innovadora y dinámica.

Ahora bien, ¿cómo es posible hermanar, en cierto modo, lo mejor de ambos mundos, la fiabilidad y eficiencia de uno, y la agilidad, velocidad e innovación del otro? Ante todo, hemos de ser conscientes de que los procedimientos, cuando se introducen como hemos descrito antes, pueden abrumar a las fuentes de resistencia desarrolladas en jerarquías gerenciales, las cuales eliminan o limitan el desarrollo de manera natural, y la utilización de redes empresariales guiadas por el liderazgo. Los procedimientos pueden superar el poderosísimo mantra de «aquí no hacemos las cosas así». La verdadera urgencia entre un gran número de personas alrededor de una auténtica oportunidad, no solo considerada desde un punto de vista intelectual, sino también sentida en lo emocional, resulta clave. La educación también ayuda, en particular en el nivel de los Betas y los Alfas. También son esenciales los logros, porque demuestran la viabilidad y fuerza de un sistema diferente; al respecto, la acción que solo recibe su inspiración de las palabras siempre es limitada, sobre todo cuando nos enfrentamos a algo nuevo e incierto. Esto es lo que sucedió en el mundo de los suricatas, algo que vemos una y otra vez en nuestro mundo humano.

Si, al igual que la inmensa mayoría de nosotros, te has pasado la vida en organizaciones situadas en el cuadrante inferior derecho, quizá tengas numerosas preguntas para cuya respuesta necesitaríamos algunos cientos de páginas más. Y esto obviamente excede las virtudes de un libro breve como este. No obstante, si estás interesado en ampliar información sobre algunas de las cuestiones aquí tratadas, te recomendamos la lectura de un libro profesional de estructura más tradicional llamado *Accelerate*, escrito por Kotter, y que eches un vistazo al abundante material que hay en la página web de la Kotter International.

Otra sugerencia para profundizar en estas ideas es que no guardes este libro en la estantería. Déjaselo a alguien y utilízalo como base para entablar conversaciones sobre tu departamento, oficina, división o firma. Algunos lectores del borrador de esta obra pasaron una copia del mismo a ciertas personas antes de celebrar con ellas reuniones programadas (la sesión de planificación estratégica anual) o sesiones especialmente concebidas para ello (una larga comida y sobremesa con un grupo de diez personas). Las discusiones parecen adquirir su propia forma natural: se comienza por comentarios acerca de la historia de los suricatas y se divaga luego sobre la organización en cuestión. ¿Dónde estamos en el recuadro de dos por dos? ¿Por qué estamos ahí? ¿Cuáles son las consecuencias? ¿Existen desafíos específicos que no estemos manejando bien, u oportunidades que estamos perdiendo por nuestra manera de funcionar? ¿Hemos intentado cambiar? ¿Qué ha funcionado y qué no? ¿Cuáles son nuestras mayores oportunidades? Etcétera...

Nos han machacado con ideas sobre el control, los términos de apertura, los grupos de trabajo, las estructuras subordinadas a un jefe, los parámetros y demás, por lo general durante toda nuestra carrera profesional. Dadas las circunstancias, es lógico que nos dé miedo «desechar» lo que sabemos. Pero este libro no trata sobre eso. Se trata de sumar, no de restar. No nos servirá de nada ceder ante este temor natural a enfrentarse a desafíos nuevos y cada vez más frecuentes.

Mediante una urgencia creciente, y en torno a una

oportunidad, instrucción, apoyo desde arriba, impulso generado gracias al éxito de las iniciativas y una manera de funcionar basada en la cooperación de los dos sistemas, es posible hacer lo mismo que los suricatas. Hemos visto de cerca muchos éxitos.

Y sí, es maravilloso.